BESTACTIVITYBOOKS.COM

PRIMERA EDICIÓN - 2022

Ilustración Gráfica Extra: www.freepik.com
Gracias a Alekksall, Starline, Pch.vector, Rawpixel.com, Vectorpocket, Dgim-studio, Upklyak, Macrovector, Stockgiu, Pikisuperstar & Freepik.com Designers

5 CONSEJOS PARA EMPEZAR

1) CÓMO RESOLVER LAS SOPA DE LETRAS

Los rompecabezas tienen un formato clásico:

- Las palabras se ocultan sin espacios ni guiones,...
- Orientación: Las palabras pueden escribirse hacia delante, hacia atrás, hacia arriba, hacia abajo o en diagonal (pueden estar invertidas).
- Las palabras pueden superponerse o cruzarse.

2) APRENDIZAJE ACTIVO

Junto a cada palabra hay un espacio para anotar la traducción. Para fomentar un aprendizaje activo, un **DICCIONARIO** al final de esta edición te permitirá comprobar y ampliar tus conocimientos. Busca y anota las traducciones, encuéntralas en el puzzle y añádelas a tu vocabulario!

3) MARCAR LAS PALABRAS

Puedes inventar tu propio sistema de marcado. ¿Quizás ya usas uno? También puedes, por ejemplo, marcar las palabras difíciles de encontrar con una cruz, las que te gustan con una estrella, las nuevas con un triángulo, las raras con un diamante, etc.

4) ESTRUCTURAR EL APRENDIZAJE

Esta edición ofrece un **CUADERNO DE NOTAS** muy práctico al final del libro. En vacaciones, de viaje o en casa, podrás organizar fácilmente tus nuevos conocimientos sin necesidad de un segundo cuaderno!

5) ¿HABÉIS TERMINADO TODAS LAS PARRILLAS?

En las últimas páginas de este libro, en la sección **DESAFÍO FINAL**, encontrarás un juego gratis!

¡Rápido y sencillo! Echa un vistazo a nuestra colección de libros de actividades para tu próximo momento de diversión y aprendizaje, ¡a sólo un clic de distancia!

Encuentre su próximo reto en:

BestActivityBooks.com/MiProximoLibro

En sus marcas, listos, ¡Ya!

¿Sabías que hay unas 7.000 lenguas diferentes en el mundo? Las palabras son preciosas.

Nos encantan los idiomas y hemos trabajado duro para crear libros de la más alta calidad para tí. ¿Nuestros ingredientes?

Una selección de temas adecuados para el aprendizaje, tres buenas porciones de entretenimiento, y luego añadimos una cucharada de palabras difíciles y una pizca de palabras raras. Los servimos con cariño y máxima diversión para que puedas resolver los mejores juegos de palabras y te diviertas aprendiendo!

Tu opinión es esencial. Puedes participar activamente en el éxito de este libro dejándonos un comentario. Nos encantaría saber qué es lo que más le ha gustado de esta edición.

Aquí hay un enlace rápido a tu página de pedidos:

BestBooksActivity.com/Opiniones50

Gracias por tu ayuda y diviértete!

Todo el equipo

1 - Arqueología

D	E	S	C	O	N	H	E	C	I	D	O	Y	M	A	E
B	L	X	O	Ã	Ç	A	Z	I	L	I	V	I	C	N	T
Y	T	R	B	S	O	T	E	J	B	O	K	T	G	O	T
A	N	Á	L	I	S	E	J	Y	P	H	Y	Y	Ç	S	G
A	S	A	D	V	A	O	S	Z	R	B	R	H	W	V	R
A	V	A	L	I	A	Ç	Ã	O	O	T	E	M	P	L	O
R	I	S	G	O	C	N	E	I	F	D	O	D	E	I	D
E	Ç	U	Z	W	J	R	Q	R	E	E	W	D	P	S	A
V	D	O	Q	C	Z	X	U	É	S	P	Z	A	R	S	G
N	G	R	P	Í	V	Ç	I	T	S	Ç	T	Y	G	Ó	I
R	G	B	I	R	L	B	P	S	O	A	Ú	P	C	F	T
S	G	N	F	H	I	E	E	I	R	Ç	M	U	F	M	S
W	G	W	Z	V	Y	B	R	M	J	I	U	O	F	T	E
E	S	Q	U	E	C	I	D	O	W	C	L	P	F	Z	V
A	N	T	I	G	U	I	D	A	D	E	O	M	I	Y	N
R	Z	D	E	S	C	E	N	D	E	N	T	E	L	T	I

ANÁLISE
ANTIGUIDADE
ANOS
CIVILIZAÇÃO
DESCENDENTE
DESCONHECIDO
EQUIPE
ERA
AVALIAÇÃO
FÓSSIL
OSSOS
INVESTIGADOR
MISTÉRIO
OBJETOS
ESQUECIDO
PROFESSOR
RELÍQUIA
TEMPLO
TÚMULO

2 - Granja #2

O	S	A	I	E	M	L	O	C	E	L	E	I	R	O	C
D	V	H	Z	F	R	U	T	A	E	P	O	M	A	R	E
A	H	E	E	H	I	T	A	D	O	G	G	F	F	L	V
R	N	O	L	Y	Ç	R	P	O	C	W	Y	R	P	G	A
P	X	I	I	H	N	A	H	H	F	D	Ç	S	O	L	D
X	K	W	M	Y	A	T	J	Ç	J	P	A	F	E	E	A
T	D	P	M	A	C	O	Ã	Ç	A	G	I	R	R	I	C
P	R	V	X	U	I	R	J	J	C	N	J	Q	V	T	O
M	R	I	S	G	L	S	I	C	N	Z	R	I	S	E	R
B	U	N	G	A	G	R	I	C	U	L	T	O	R	H	D
M	O	S	R	O	P	A	S	T	O	R	H	X	I	O	E
A	P	H	O	X	Y	M	B	J	J	P	V	R	E	V	I
D	X	O	P	I	W	I	Y	G	B	E	G	K	Y	E	R
U	W	B	B	D	E	L	N	E	A	E	Y	T	M	C	O
R	S	V	Q	X	O	H	R	Ç	E	L	H	A	M	A	Q
O	Y	E	P	U	B	O	V	E	G	E	T	A	L	Ç	J

AGRICULTOR
ANIMAIS
CEVADA
COLMEIA
CORDEIRO
FRUTA
CELEIRO
POMAR
LEITE
LHAMA
MADURO
MILHO
OVELHA
PASTOR
PATO
PRADO
IRRIGAÇÃO
TRATOR
TRIGO
VEGETAL

3 - La Empresa

P	U	Q	Z	L	I	D	E	C	I	S	Ã	O	R	I	O
Ç	R	N	V	F	C	N	U	P	D	O	V	F	I	N	C
I	J	O	I	M	V	V	D	B	Q	Ã	Ç	F	S	V	M
D	H	I	G	D	Y	T	M	Ú	T	Ç	C	E	C	E	W
W	Ç	C	G	R	A	Ç	I	E	S	A	O	D	O	S	T
U	Ç	Ó	O	K	E	D	W	C	A	T	V	A	S	T	R
S	J	G	S	O	O	S	E	X	I	N	R	D	V	I	E
W	O	E	K	E	C	B	S	S	C	E	Q	I	L	M	C
V	U	N	K	H	T	C	E	O	N	S	U	L	A	E	E
P	R	O	D	U	T	O	M	V	Ê	E	A	I	B	N	I
R	E	C	U	R	S	O	S	I	D	R	L	B	O	T	T
I	N	O	V	A	D	O	R	T	N	P	I	I	L	O	A
E	M	P	R	E	G	O	H	A	E	A	D	S	G	G	L
I	U	I	V	N	I	X	N	I	T	W	A	S	S	R	L
O	Ã	Ç	A	T	U	P	E	R	U	Z	D	O	B	V	X
J	E	S	W	Y	J	W	A	C	J	U	E	P	Q	Z	T

QUALIDADE
CRIATIVO
DECISÃO
EMPREGO
GLOBAL
INDÚSTRIA
RECEITA
INOVADOR
INVESTIMENTO
NEGÓCIO
POSSIBILIDADE
APRESENTAÇÃO
PRODUTO
PROGRESSO
RECURSOS
REPUTAÇÃO
RISCOS
TENDÊNCIAS
UNIDADES

4 - Aviones

P	A	S	S	A	G	E	I	R	O	Z	P	D	I	G	I
C	O	M	B	U	S	T	Í	V	E	L	M	I	C	U	T
W	P	O	G	L	J	O	Ã	L	A	B	S	R	P	G	R
P	R	B	U	S	E	C	I	L	É	H	F	E	C	M	I
P	O	Ã	Ç	U	R	T	S	N	O	C	P	Ç	B	K	P
A	T	M	O	S	F	E	R	A	Ê	M	I	Ã	K	Q	U
Q	U	L	V	X	F	C	A	I	A	G	L	O	Ç	Z	L
N	A	V	E	G	A	R	B	R	V	R	O	T	O	M	A
A	F	M	Ç	H	Q	M	K	Ó	E	F	T	R	L	T	Ç
V	L	J	X	Y	Z	W	I	T	N	B	O	M	D	M	Ã
N	Y	T	F	A	R	H	D	S	T	N	X	X	I	I	O
V	G	J	U	T	R	M	J	I	U	O	T	Q	E	B	H
Q	F	M	É	R	W	L	R	H	R	W	Z	O	C	R	Ç
X	Ç	L	C	E	A	E	V	G	A	Y	Z	Y	A	K	C
A	T	E	R	R	I	S	S	A	G	E	M	W	C	G	Ç
A	L	T	I	T	U	D	E	R	E	R	D	D	W	M	V

AR
ALTITUDE
ALTURA
ATERRISSAGEM
ATMOSFERA
AVENTURA
CÉU
COMBUSTÍVEL
CONSTRUÇÃO
DIREÇÃO
BALÃO
HÉLICES
HIDROGÊNIO
HISTÓRIA
MOTOR
NAVEGAR
PASSAGEIRO
PILOTO
TRIPULAÇÃO

5 - Tipos de Cabello

G	A	C	Ç	E	T	N	A	H	L	I	R	B	N	C	F
E	V	V	N	C	N	T	R	A	N	Ç	A	D	O	A	V
T	L	R	Q	Q	P	C	G	T	Z	T	Z	A	T	R	Y
E	O	C	N	A	R	B	A	A	S	R	N	S	R	E	O
V	I	M	F	K	B	F	T	R	F	A	I	S	U	C	L
D	R	C	L	F	X	I	E	P	A	H	C	O	C	A	F
K	O	C	E	S	A	N	D	K	I	C	H	D	N	P	O
Ç	B	H	V	O	B	O	G	N	O	L	O	A	Z	T	X
O	I	B	Á	H	N	R	R	R	T	P	R	L	S	N	O
D	N	K	D	C	C	B	P	L	O	G	R	U	A	O	R
M	A	G	U	A	O	H	R	J	T	S	W	D	Ç	D	O
U	A	F	A	C	I	L	N	U	E	N	S	N	N	M	O
N	Ç	R	S	Y	B	S	F	C	R	E	Y	O	A	L	M
A	P	N	R	I	H	R	Y	T	P	C	Y	F	R	Y	Ç
R	T	G	H	O	T	Q	J	S	Ç	A	V	I	T	R	S
S	U	A	V	E	M	Q	M	O	D	Z	Y	M	Q	T	N

BRANCO
BRILHANTE
CARECA
CURTO
FINO
CINZA
GROSSO
LONGO
MARROM
PRETO
ONDULADO
PRATA
ENCARACOLADO
CACHOS
LOIRO
SAUDÁVEL
SECO
SUAVE
TRANÇADO
TRANÇAS

6 - Ética

O	I	U	F	P	C	E	C	O	M	H	R	C	R	D	V
T	T	I	E	D	A	D	N	O	B	O	E	B	E	I	A
R	Y	O	Ã	X	I	A	P	M	O	C	A	E	S	P	L
F	I	H	G	Ç	X	D	P	I	P	B	L	N	P	L	O
P	A	I	C	N	Ê	I	C	A	P	Ç	I	E	E	O	R
E	T	N	O	L	N	N	H	W	L	O	S	V	I	M	E
D	I	G	N	I	D	A	D	E	G	I	M	O	T	Á	S
A	O	Y	O	T	I	M	I	S	M	O	O	L	O	T	R
D	N	D	Q	O	T	U	S	R	E	S	Z	E	S	I	R
I	N	U	T	Q	P	H	R	H	O	Y	R	N	O	C	A
R	A	L	T	R	U	Í	S	M	O	D	W	T	Q	O	Z
G	C	O	O	P	E	R	A	Ç	Ã	O	E	E	E	P	O
E	H	O	N	E	S	T	I	D	A	D	E	B	B	G	Á
T	O	L	E	R	Â	N	C	I	A	Z	R	L	A	Y	V
N	R	A	C	I	O	N	A	L	I	D	A	D	E	S	E
I	F	I	L	O	S	O	F	I	A	G	D	A	C	G	L

ALTRUÍSMO
BENEVOLENTE
BONDADE
COMPAIXÃO
COOPERAÇÃO
DIGNIDADE
DIPLOMÁTICO
FILOSOFIA
HONESTIDADE
HUMANIDADE
INTEGRIDADE
OTIMISMO
PACIÊNCIA
RACIONALIDADE
RAZOÁVEL
REALISMO
RESPEITOSO
SABEDORIA
TOLERÂNCIA
VALORES

7 - Ciencia Ficción

A	T	S	I	L	A	E	R	B	A	E	I	F	A	G	Ç
R	P	E	T	N	A	T	S	I	D	X	M	S	T	Q	B
R	Y	R	C	I	K	Z	P	I	F	P	A	O	Ó	O	G
I	O	D	H	N	O	O	A	X	D	L	G	R	M	R	J
P	G	B	V	A	O	D	N	U	M	O	I	Á	I	F	E
Y	O	E	Ô	T	S	L	S	K	N	S	N	C	C	A	N
Q	F	F	C	S	O	X	O	O	R	Ã	Á	U	O	N	U
Z	L	W	C	I	I	Z	Z	G	K	O	R	L	W	T	T
X	I	Z	N	R	R	A	O	C	I	Ç	I	O	H	Á	O
D	I	M	Ç	U	E	I	B	E	V	A	O	F	D	S	P
N	F	O	S	T	T	X	P	L	A	N	E	T	A	T	I
Q	B	N	M	U	S	Á	T	I	L	U	S	Ã	O	I	A
Y	Z	S	Q	F	I	L	K	R	F	Q	O	E	R	C	Q
Ç	E	J	V	Q	M	A	C	J	E	D	S	Q	J	O	Ç
N	V	I	P	K	J	G	O	K	A	M	E	N	I	C	M
P	I	R	S	K	F	C	P	R	V	S	O	R	V	I	L

ATÓMICO
CINEMA
DISTANTE
EXPLOSÃO
EXTREMO
FANTÁSTICO
FOGO
FUTURISTA
GALÁXIA
ILUSÃO
IMAGINÁRIO
LIVROS
MISTERIOSO
MUNDO
ORÁCULO
PLANETA
REALISTA
ROBÔS
TECNOLOGIA
UTOPIA

8 - Granja #1

H	W	K	B	W	J	D	Ç	Y	G	Ç	Q	W	M	C	J
B	U	R	R	O	Z	C	A	M	P	O	X	T	Ç	O	K
F	U	A	I	C	O	F	R	A	N	G	O	Ã	C	R	Z
E	E	C	A	B	R	A	H	L	E	B	A	H	F	V	P
F	H	R	L	C	R	H	Q	I	Ç	E	J	P	F	O	V
Ç	F	E	T	Z	A	R	U	T	L	U	C	I	R	G	A
E	H	C	J	I	R	V	V	V	E	V	J	D	T	I	U
G	A	T	O	K	L	F	A	R	M	C	F	E	E	D	G
C	O	Q	S	Y	G	I	F	O	T	Y	Ç	P	R	N	Á
R	Y	R	A	A	G	E	Z	H	E	H	I	O	R	M	J
K	C	P	Ç	F	N	J	S	A	Y	M	N	R	A	B	Z
Z	Y	A	H	U	T	V	I	Q	N	U	Ç	R	X	G	R
E	V	Y	V	S	A	U	F	S	E	T	N	E	M	E	S
M	R	Z	L	A	W	M	H	K	X	O	E	Z	V	G	G
N	N	H	S	K	L	V	S	A	R	B	F	E	N	O	R
S	Q	N	V	R	S	O	R	C	G	T	R	B	M	M	E

ABELHA
AGRICULTURA
ÁGUA
ARROZ
BURRO
CAVALO
CABRA
CAMPO
CORVO
FERTILIZANTE
GATO
FENO
MEL
CÃO
FRANGO
SEMENTES
BEZERRO
TERRA
VACA
CERCA

9 - Camping

P	A	L	E	G	B	A	F	A	L	I	M	K	F	U	F
G	G	S	Q	T	C	N	J	L	M	W	N	A	B	U	L
Z	H	D	U	V	H	I	E	D	X	W	A	Ç	C	C	O
U	T	Ç	I	F	A	M	O	T	N	U	T	A	J	A	R
L	O	Ç	P	B	P	A	T	Y	O	D	U	C	W	P	E
T	U	W	A	Ú	É	I	K	P	E	Z	R	E	E	A	S
J	N	A	M	S	U	S	B	L	Z	J	E	Q	H	M	T
E	Z	H	E	S	T	Z	V	Q	V	Y	Z	E	U	U	A
S	P	N	N	O	Z	L	Z	C	Y	C	A	D	R	O	C
D	M	A	T	L	Q	J	A	T	Á	R	V	O	R	E	S
T	B	T	O	A	M	E	T	G	E	W	A	Y	E	Ç	Q
Q	P	N	N	Ç	F	E	F	K	O	T	E	S	N	I	V
L	K	O	H	Q	W	H	J	L	G	L	R	G	I	X	H
H	A	M	B	B	H	T	F	P	O	Z	U	T	B	L	B
A	V	E	N	T	U	R	A	O	F	W	Ç	L	A	K	Ç
L	A	N	T	E	R	N	A	C	A	N	O	A	C	W	L

ANIMAIS
AVENTURA
ÁRVORES
FLORESTA
BÚSSOLA
CABINE
CANOA
CAÇA
CORDA
EQUIPAMENTO
FOGO
MACA
INSETO
LAGO
LANTERNA
LUA
MAPA
MONTANHA
NATUREZA
CHAPÉU

10 - Fruta

A	M	I	G	V	Q	D	D	Z	G	B	P	T	X	C	B
V	E	E	Ç	R	S	Y	J	G	B	K	A	P	M	Q	Ç
N	J	W	L	Ç	J	T	L	Y	M	I	V	N	I	P	T
S	U	O	Q	Ã	U	H	I	M	A	U	U	J	A	Q	A
S	W	V	X	S	O	O	M	C	Ç	H	X	J	P	N	H
P	T	O	I	J	C	E	Ã	E	Ã	G	B	T	I	E	A
O	A	M	W	X	S	E	O	F	I	O	B	P	T	S	M
G	N	T	I	Y	A	P	E	R	A	I	A	N	X	S	J
B	R	Ç	K	L	M	C	C	T	N	A	G	N	A	M	I
B	E	T	A	C	A	B	A	N	I	B	A	I	T	S	F
B	W	N	S	V	D	S	P	B	R	A	H	D	N	F	A
F	R	A	M	B	O	E	S	A	A	C	E	R	E	J	A
A	T	K	Y	O	E	R	H	M	T	E	H	Z	W	X	E
L	A	R	A	N	J	A	V	O	C	O	C	W	F	E	A
A	S	F	M	A	M	Ã	O	G	E	S	S	Ê	P	L	U
L	C	C	E	W	Z	I	F	R	N	E	A	V	B	K	W

ABACATE
DAMASCO
BAGA
CEREJA
COCO
FRAMBOESA
GOIABA
KIWI
LIMÃO
MANGA
MAÇÃ
PÊSSEGO
MELÃO
LARANJA
NECTARINA
MAMÃO
PERA
ABACAXI
BANANA
UVA

11 - Geología

R	C	W	L	X	E	X	L	D	Ç	C	S	I	Ç	Q	G
D	O	D	I	C	Á	N	E	A	W	X	K	U	H	T	Q
D	N	E	S	T	A	L	A	C	T	I	T	E	I	B	N
T	T	C	S	P	H	F	E	C	R	I	S	T	A	I	S
E	I	A	Ó	C	L	A	R	O	C	S	X	F	A	Z	C
R	N	M	F	A	E	A	M	I	N	E	R	A	I	S	Á
R	E	A	W	V	S	V	T	F	O	T	P	S	A	L	L
E	N	D	E	E	I	A	F	Ô	F	I	C	E	R	I	C
M	T	A	D	R	X	L	X	F	A	M	G	F	D	U	I
O	E	C	U	N	N	H	N	N	V	G	G	X	W	R	O
T	Z	V	G	A	L	D	O	M	L	A	V	O	U	E	A
O	G	Q	E	R	O	S	Ã	O	P	L	H	U	Y	S	H
Q	U	A	R	T	Z	O	C	S	B	A	Y	D	D	Y	Y
M	R	L	J	W	R	T	L	T	L	T	Y	B	S	E	P
Ç	U	G	S	P	Q	C	U	A	I	S	O	R	U	G	W
O	Z	G	X	X	U	Ç	V	V	N	E	A	U	U	J	U

ÁCIDO
CÁLCIO
CAMADA
CAVERNA
CONTINENTE
CORAL
CRISTAIS
QUARTZO
EROSÃO
ESTALACTITE
ESTALAGMITES
FÓSSIL
GEYSER
LAVA
PLATÔ
MINERAIS
PEDRA
SAL
TERREMOTO
VULCÃO

12 - Inmigración

N	A	A	C	F	A	O	H	T	O	E	D	H	J	P	O
N	D	D	O	I	P	Ç	A	P	O	F	I	C	I	A	L
E	U	M	M	N	R	M	B	R	L	E	I	R	H	S	A
G	L	I	U	A	O	A	I	O	S	S	E	C	O	R	P
O	T	N	N	N	V	J	T	T	A	K	S	P	Ã	U	N
C	O	I	I	C	A	U	A	E	Ç	Ç	S	R	Ç	W	G
I	S	S	C	I	Ç	D	Ç	Ç	N	I	E	A	U	A	B
A	S	T	A	A	Ã	A	Ã	Ã	A	L	R	Z	L	I	C
Ç	S	R	Ç	M	O	Z	O	O	I	E	T	O	O	B	A
Ã	I	A	Ã	E	Y	A	K	M	R	A	S	D	S	I	M
O	T	Ç	O	N	N	U	W	L	C	S	E	T	W	N	Y
I	U	Ã	A	T	E	G	W	J	Y	E	F	P	T	J	Z
U	A	O	S	O	T	N	E	M	U	C	O	D	J	N	H
D	Ç	Z	M	R	U	Í	M	A	F	G	T	D	A	V	S
K	Ã	W	D	L	Y	L	E	L	P	C	T	X	D	Y	K
G	O	R	J	F	S	F	R	O	N	T	E	I	R	A	S

ADMINISTRAÇÃO
ADULTOS
APROVAÇÃO
AJUDA
COMUNICAÇÃO
DOCUMENTOS
ESTRESSE
PRAZO
FINANCIAMENTO
FRONTEIRAS
LÍNGUA
LEI
NEGOCIAÇÃO
CRIANÇAS
OFICIAL
PROCESSO
PROTEÇÃO
SITUAÇÃO
SOLUÇÃO
HABITAÇÃO

13 - Álgebra

F	N	Q	U	P	D	Ç	C	B	F	O	G	E	M	O	O
O	R	A	C	I	F	I	L	P	M	I	S	Q	A	O	S
W	K	A	Y	X	K	Q	Ç	D	D	X	T	U	T	X	J
Q	I	O	Ç	N	H	Q	Q	N	I	I	C	A	R	Q	Q
L	F	O	E	Ã	I	D	F	F	V	D	P	Ç	I	J	U
N	P	Ç	Y	M	O	Q	Ç	O	I	L	J	Ã	Z	S	A
S	Ú	I	R	O	T	A	F	Z	S	E	H	O	E	Y	N
U	A	M	A	R	G	A	I	D	Ã	V	E	H	S	A	T
B	M	F	E	Z	E	R	O	S	O	Á	T	S	E	A	I
T	L	Z	N	R	I	S	I	N	F	I	N	I	T	O	D
R	A	J	I	Z	O	O	Y	A	P	R	E	H	N	S	A
A	M	M	L	F	Ó	R	M	U	L	A	O	X	Ê	L	D
Ç	P	R	O	B	L	E	M	A	Q	V	P	O	R	A	E
Ã	O	A	O	K	Ç	Z	X	F	V	O	X	S	A	F	I
O	Ã	Ç	U	L	O	S	W	A	C	H	E	M	P	V	H
R	L	M	M	X	A	J	Ç	X	T	O	U	Q	D	W	N

QUANTIDADE
ZERO
DIAGRAMA
DIVISÃO
EQUAÇÃO
EXPOENTE
FATOR
FALSO
FÓRMULA
FRAÇÃO
INFINITO
LINEAR
MATRIZ
NÚMERO
PARÊNTESE
PROBLEMA
SUBTRAÇÃO
SIMPLIFICAR
SOLUÇÃO
VARIÁVEL

14 - Plantas

F	Y	D	F	O	L	H	A	P	N	K	J	P	M	F	O
L	R	M	F	H	E	R	A	N	V	V	R	N	H	E	R
O	J	I	F	A	M	F	Q	E	W	T	O	O	F	R	K
R	J	M	U	V	T	E	P	R	T	J	D	P	O	T	F
A	U	A	R	B	U	S	T	O	Y	T	F	R	L	I	F
B	E	Z	E	B	E	F	E	V	Q	E	W	S	H	L	V
M	U	S	G	O	L	A	S	R	W	W	L	B	A	I	E
Q	B	Y	T	E	W	X	O	Á	O	X	Ç	A	G	Z	G
I	M	X	O	X	E	A	L	V	E	L	E	G	E	A	E
U	A	U	U	I	K	M	A	R	Ç	I	F	A	M	N	T
F	B	O	T	Â	N	I	C	A	V	X	J	L	C	T	A
E	E	B	B	S	E	F	R	N	J	W	A	A	A	E	Ç
O	R	I	P	O	N	I	A	K	L	R	R	T	C	Z	Ã
S	A	V	J	Q	P	U	I	E	U	D	D	É	T	Q	O
I	K	W	A	Ã	O	Q	Z	U	O	P	I	P	O	Y	S
C	A	C	I	R	O	L	F	J	M	X	M	O	N	O	Y

ARBUSTO
ÁRVORE
BAMBU
BAGA
FLORESTA
BOTÂNICA
CACTO
FERTILIZANTE
FLOR
FLORA
FOLHAGEM
FEIJÃO
HERA
ERVA
FOLHA
JARDIM
MUSGO
PÉTALA
RAIZ
VEGETAÇÃO

15 - Suministros de Arte

T	L	B	A	P	F	X	B	P	C	I	M	J	C	C	C
V	K	Á	C	Ç	P	Z	I	O	A	L	O	C	O	A	R
H	N	J	P	D	D	M	H	Q	U	S	K	K	R	R	I
I	Y	F	X	I	U	C	H	R	G	A	T	K	E	V	A
C	M	X	X	Y	S	K	S	Z	Á	V	A	E	S	Ã	T
T	M	T	S	O	U	H	S	Ç	H	O	B	C	L	O	I
A	R	G	I	L	A	R	E	M	Â	C	T	A	I	S	V
P	O	W	W	M	Y	M	X	E	N	S	T	D	C	A	I
A	D	C	Ó	Y	Q	Q	F	S	Q	E	I	E	A	L	D
P	A	V	L	B	S	G	E	A	H	J	N	I	V	E	A
E	G	G	E	X	H	Q	J	J	A	V	T	R	A	R	D
L	A	T	O	C	I	L	Í	R	C	A	A	A	L	A	E
E	P	F	I	Y	G	Q	V	N	W	Ç	S	Y	E	U	Z
U	A	N	X	N	I	O	E	F	S	G	X	Y	T	Q	W
L	E	Ç	L	V	T	C	R	R	Z	F	C	T	E	A	E
W	M	W	U	X	K	A	A	G	S	K	C	B	U	M	Z

ÓLEO
ACRÍLICO
AQUARELAS
ÁGUA
ARGILA
APAGADOR
CAVALETE
CARVÃO
CÂMERA
ESCOVAS
CORES
CRIATIVIDADE
LÁPIS
MESA
PAPEL
PASTELS
COLA
TINTAS
CADEIRA
TINTA

16 - Negocio

V	E	N	D	A	I	R	O	D	A	G	E	R	P	M	E
I	M	O	E	D	A	S	E	R	P	M	E	M	N	I	C
N	H	Ã	W	D	K	D	O	T	N	E	M	A	Ç	R	O
V	I	Ç	F	I	N	A	N	Ç	A	U	Q	A	L	U	N
E	J	A	I	E	A	I	R	O	D	A	C	R	E	M	O
S	B	S	M	S	P	R	J	Y	F	R	J	L	Q	R	M
T	O	N	P	O	B	C	I	V	T	D	O	F	O	L	I
I	B	A	O	D	I	N	H	E	I	R	O	Á	T	J	A
M	Ç	R	S	A	B	T	W	Z	R	F	W	B	N	G	A
E	L	T	T	G	N	P	R	G	E	R	C	R	O	P	Ç
N	D	E	O	E	U	K	I	A	S	K	A	I	C	S	X
T	Ç	O	S	R	X	I	K	K	B	Z	Z	C	S	G	Y
O	W	T	I	P	N	W	B	S	Z	A	O	A	E	M	T
C	M	S	E	M	V	S	U	K	Q	L	L	L	D	N	M
J	P	U	V	E	D	Y	X	H	Ç	H	G	H	Y	C	N
E	S	C	R	I	T	Ó	R	I	O	E	D	C	O	N	D

CARREIRA
CUSTO
DESCONTO
DINHEIRO
ECONOMIA
EMPREGADO
EMPREGADOR
EMPRESA
FÁBRICA
FINANÇA
IMPOSTOS
INVESTIMENTO
MERCADORIA
MOEDA
ESCRITÓRIO
ORÇAMENTO
LOJA
TRABALHO
TRANSAÇÃO
VENDA

17 - Jardín

V	P	F	X	S	X	C	A	N	C	I	N	H	O	G	B
A	S	Z	L	T	O	V	I	D	E	I	R	A	M	R	A
R	I	A	H	O	D	L	K	S	V	J	A	O	G	A	N
A	R	Ç	Y	M	R	L	O	M	V	P	R	W	S	M	C
N	E	Z	F	I	E	A	P	Á	Z	G	B	T	X	A	O
D	A	Ç	L	D	M	G	S	L	P	R	U	R	J	D	Q
A	J	D	R	R	R	O	A	G	V	A	S	A	L	O	C
N	G	B	D	A	L	A	C	R	X	M	T	M	Ç	T	H
L	P	Y	Ç	J	O	R	A	Ç	A	A	O	P	R	C	H
P	O	M	A	R	H	I	M	L	C	G	T	O	M	J	V
Á	R	V	O	R	E	E	I	A	R	S	E	L	K	B	B
U	U	X	I	K	N	U	D	Q	E	H	R	I	J	U	K
E	W	A	A	G	N	G	E	Z	C	A	R	M	E	K	Ç
Y	Y	F	L	U	V	N	W	Q	Z	E	A	K	U	Ç	W
S	T	N	S	G	I	A	K	S	T	Z	Ç	V	I	R	D
F	D	B	Ç	X	P	M	I	Y	J	Z	O	V	Ç	H	B

ARBUSTO
ÁRVORE
BANCO
GRAMADO
LAGOA
FLOR
GARAGEM
MACA
GRAMA
POMAR
JARDIM
MANGUEIRA
PÁ
VARANDA
ANCINHO
SOLO
TERRAÇO
TRAMPOLIM
CERCA
VIDEIRA

18 - Países #2

C	O	F	W	N	M	H	Y	Z	X	E	R	L	K	J	A
C	L	O	J	T	H	A	Ç	N	A	R	F	A	Q	V	U
Y	S	A	L	N	T	C	Ç	X	E	C	L	O	F	J	S
J	E	P	A	Q	U	I	S	T	Ã	O	P	S	S	R	T
S	G	P	I	C	Ç	A	D	O	O	A	T	E	A	O	R
Í	R	V	N	W	R	M	Z	C	S	D	V	P	D	C	Á
R	É	V	Â	V	O	A	I	S	É	N	O	D	N	I	L
I	C	E	B	W	W	J	M	W	J	A	Ç	W	A	X	I
A	I	J	L	Y	K	D	U	A	A	L	Z	S	G	É	A
I	A	C	A	T	A	G	N	C	N	R	N	U	U	M	I
S	P	O	R	T	U	G	A	L	R	I	Y	D	G	D	R
S	E	T	I	Ó	P	I	A	J	K	Â	D	Ã	C	C	T
Ú	D	X	S	H	I	D	H	L	A	D	N	O	Y	R	S
R	H	S	U	A	M	X	O	I	A	P	V	I	C	R	U
D	Ç	Ç	K	F	V	X	T	K	Z	Z	Ã	R	A	Z	Á
N	K	Q	F	S	S	Ç	M	H	O	I	G	O	N	U	B

ALBÂNIA
AUSTRÁLIA
ÁUSTRIA
DINAMARCA
ETIÓPIA
FRANÇA
GRÉCIA
INDONÉSIA
IRLANDA
JAMAICA
JAPÃO
LAOS
MÉXICO
PAQUISTÃO
PORTUGAL
RÚSSIA
SÍRIA
SUDÃO
UCRÂNIA
UGANDA

19 - Números

W	G	W	M	C	L	X	L	R	O	B	L	Ç	R	V	Y
P	N	Y	V	X	U	V	F	A	H	E	C	F	X	I	H
P	L	T	H	U	J	H	T	K	M	Ç	U	A	Z	N	L
Y	V	C	X	F	Q	D	E	Z	O	I	T	O	E	T	D
O	P	V	D	B	W	V	Y	V	K	U	C	A	R	E	D
L	H	V	E	V	K	C	F	B	X	B	N	E	O	M	E
R	L	O	Z	X	C	I	V	G	O	O	Ç	W	D	G	Z
D	O	I	S	M	A	N	D	E	Z	E	N	O	V	E	E
P	S	E	I	S	C	C	Q	U	I	N	Z	E	U	J	S
D	O	Z	E	G	Ç	O	I	E	Ç	M	O	E	N	Q	S
S	Ê	R	T	E	Ç	Y	K	T	B	I	Q	S	R	Z	E
Q	U	A	T	O	R	Z	E	R	V	W	B	E	S	T	I
J	P	S	J	A	A	B	N	O	I	T	O	T	V	H	S
Ç	I	E	E	Q	U	E	O	C	Y	V	O	E	Q	M	R
Q	R	S	B	X	E	Q	V	V	H	B	J	Z	X	K	Ç
Q	K	Z	N	S	F	J	E	T	E	S	S	E	Z	E	D

QUATORZE
ZERO
CINCO
QUATRO
DECIMAL
DEZENOVE
DEZOITO
DEZESSEIS
DEZESSETE
DEZ
DOZE
DOIS
NOVE
OITO
QUINZE
SEIS
SETE
TREZE
TRÊS
VINTE

20 - Física

A	G	M	B	R	C	J	V	U	A	G	G	F	R	V	Z
O	Á	G	O	M	O	T	Á	N	C	R	I	R	E	E	J
H	S	L	P	T	I	I	Q	I	E	A	A	E	L	L	V
E	O	M	M	T	O	Z	G	V	L	V	Z	Q	A	O	F
D	A	M	E	M	H	R	D	E	E	I	E	U	T	C	B
A	C	X	S	C	F	I	Y	R	R	D	I	Ê	I	I	T
D	T	A	L	I	Â	M	Q	S	A	A	N	N	V	D	G
I	E	L	G	Y	T	N	E	A	Ç	D	P	C	I	A	N
S	L	U	P	X	R	E	I	L	Ã	E	A	I	D	D	U
N	A	C	J	O	F	F	N	C	O	O	R	A	A	E	C
E	L	É	T	R	O	N	K	G	A	C	T	D	D	X	L
D	U	L	S	B	Q	Y	Ç	E	A	I	Í	F	E	P	E
B	M	O	S	L	C	A	T	R	U	M	C	M	W	L	A
Ç	R	M	A	Z	S	X	P	N	X	Í	U	M	O	Y	R
N	Ó	A	W	C	Ç	H	R	W	Q	U	L	O	R	P	D
H	F	M	A	S	S	A	Y	I	X	Q	A	N	D	Z	L

ACELERAÇÃO
ÁTOMO
CAOS
DENSIDADE
ELÉTRON
FÓRMULA
FREQUÊNCIA
GÁS
GRAVIDADE
MAGNETISMO
MASSA
MECÂNICA
MOLÉCULA
MOTOR
NUCLEAR
PARTÍCULA
QUÍMICO
RELATIVIDADE
UNIVERSAL
VELOCIDADE

21 - Belleza

R	J	U	T	N	S	P	C	O	V	K	S	U	A	A	R
F	Í	P	Q	P	E	R	Z	A	W	V	V	Y	I	B	E
T	C	M	Y	S	R	O	F	U	C	R	D	I	C	A	Ç
J	P	A	E	W	V	D	M	B	G	H	P	X	N	T	N
F	N	X	T	L	I	U	Ç	C	K	V	O	V	Â	O	U
O	E	C	N	T	Ç	T	S	O	J	R	D	S	R	M	X
T	Y	A	A	Y	O	O	X	S	G	Ç	J	Z	G	U	F
O	R	R	G	E	S	S	L	M	V	Q	G	R	A	Ç	A
G	J	U	E	L	I	G	P	É	C	O	R	F	R	G	I
Ê	U	O	L	V	I	Q	X	T	S	H	Ç	N	F	H	C
N	P	S	E	S	I	O	S	I	Ó	L	E	O	S	K	N
I	M	E	T	Y	X	C	Z	C	H	E	M	U	S	K	Â
C	H	T	L	G	N	H	G	O	R	P	R	K	I	R	G
O	D	M	Q	E	Z	F	Z	S	A	S	A	E	O	I	E
E	S	T	I	L	I	S	T	A	Q	E	H	I	I	G	L
M	A	Q	U	I	A	G	E	M	W	P	C	R	I	X	E

ÓLEOS
XAMPU
COR
COSMÉTICOS
ELEGÂNCIA
ELEGANTE
CHARME
ESPELHO
ESTILISTA
FOTOGÊNICO
FRAGRÂNCIA
GRAÇA
MAQUIAGEM
PELE
BATOM
PRODUTOS
CACHOS
RÍMEL
SERVIÇOS
TESOURA

22 - Países #1

M	A	R	R	O	C	O	S	B	E	Q	U	A	D	O	R
B	G	I	K	B	E	L	U	A	R	R	Y	U	B	V	M
I	É	W	N	H	F	Z	P	V	H	A	Ç	V	K	F	A
T	J	L	P	Ô	G	L	E	S	O	H	S	P	X	I	L
Á	V	V	G	T	L	D	U	L	N	N	Ç	I	J	L	I
L	M	L	A	I	M	O	F	F	D	A	C	H	L	I	Ç
I	I	Í	N	G	C	Y	P	N	U	P	I	P	G	P	T
A	E	B	I	Á	A	A	E	O	R	S	Ç	A	G	I	E
U	M	I	T	M	E	I	U	R	A	E	G	Q	J	N	A
Á	D	A	N	A	C	D	F	U	S	K	E	E	M	A	L
V	T	Q	E	N	F	N	O	E	E	G	I	T	O	S	E
Z	W	B	G	A	S	Í	Q	G	C	R	A	E	I	W	M
T	Y	C	R	P	R	Q	N	A	S	Y	J	T	H	X	A
N	I	C	A	R	Á	G	U	A	W	P	H	X	W	T	N
V	E	N	E	Z	U	E	L	A	L	Y	N	C	X	X	H
V	X	H	Q	T	F	Z	R	X	Z	U	Y	K	X	O	A

ALEMANHA
ARGENTINA
BÉLGICA
BRASIL
CANADÁ
EQUADOR
EGITO
ESPANHA
FILIPINAS
HONDURAS
ÍNDIA
ITÁLIA
LÍBIA
MALI
MARROCOS
NICARÁGUA
NORUEGA
PANAMÁ
POLÔNIA
VENEZUELA

23 - Mitología

D	G	Y	C	D	E	S	A	S	T	R	E	O	Ç	T	A
Z	D	B	Y	U	S	B	L	H	Q	B	S	Ã	J	R	V
E	D	A	D	I	L	A	T	R	O	M	I	Ç	O	O	A
Y	C	R	C	Ó	O	T	N	I	R	I	B	A	L	V	R
F	R	U	O	R	G	G	U	O	C	M	U	I	Y	Ã	Q
O	E	T	M	E	A	R	V	R	S	É	X	R	F	O	U
R	N	A	P	H	P	U	R	T	A	I	U	C	F	R	É
Ç	Ç	I	O	X	M	S	K	S	E	M	Ú	I	C	I	T
A	A	R	R	T	Â	G	J	N	Z	H	Ç	Y	Ç	E	I
X	S	C	T	L	L	L	M	O	R	T	A	L	E	R	P
A	G	Ç	A	W	E	K	E	M	A	M	Y	W	W	R	O
Y	I	W	M	D	R	N	I	N	C	I	U	Z	Q	E	N
W	L	Y	E	S	Z	P	I	M	D	C	D	K	W	U	Ç
E	C	X	N	Ç	I	L	X	H	A	A	I	S	Z	G	Ç
P	R	U	T	O	I	V	I	N	G	A	N	Ç	A	F	N
H	Z	A	O	K	O	P	K	Q	G	H	B	V	Y	Z	V

ARQUÉTIPO
CIÚMES
CÉU
COMPORTAMENTO
CRIAÇÃO
CRENÇAS
CRIATURA
CULTURA
DESASTRE
FORÇA
GUERREIRO
HERÓI
IMORTALIDADE
LABIRINTO
LENDA
MONSTRO
MORTAL
RELÂMPAGO
TROVÃO
VINGANÇA

24 - Ecología

R	L	A	B	O	L	G	O	S	V	T	S	C	Y	A	X
N	E	I	A	A	L	P	Z	Z	E	N	L	O	N	D	M
F	V	C	N	Z	L	B	S	K	G	U	Z	M	M	I	G
E	Á	Z	U	E	X	E	A	H	E	U	O	U	S	V	V
S	T	L	A	R	U	T	A	N	T	E	Z	N	E	E	A
P	N	Ç	F	U	S	A	T	N	A	L	P	I	C	R	R
É	E	B	P	T	Ç	O	D	F	Ç	I	X	D	A	S	I
C	T	Y	P	A	Ç	H	S	I	Ã	L	R	A	M	I	E
I	S	F	B	N	I	N	I	V	O	C	L	D	I	D	D
E	U	B	N	M	N	I	P	Y	D	N	T	E	L	A	A
S	S	X	G	M	L	R	Z	K	S	K	A	S	C	D	D
C	M	I	R	D	T	A	T	I	B	A	H	T	F	E	E
O	F	S	C	O	L	M	D	J	G	M	Y	E	N	Z	L
S	O	B	R	E	V	I	V	Ê	N	C	I	A	A	Â	V
V	O	L	U	N	T	Á	R	I	O	S	Q	F	K	U	P
D	U	C	G	F	L	C	W	B	F	L	O	R	A	X	T

CLIMA
COMUNIDADES
DIVERSIDADE
ESPÉCIES
FAUNA
FLORA
GLOBAL
HABITAT
MARINHO
NATURAL
NATUREZA
PÂNTANO
PLANTAS
RECURSOS
SECA
SUSTENTÁVEL
SOBREVIVÊNCIA
VARIEDADE
VEGETAÇÃO
VOLUNTÁRIOS

25 - Casa

P	G	M	O	S	I	P	A	Y	R	L	O	L	E	B	P
I	T	E	B	M	N	O	R	I	E	V	U	H	C	I	O
J	L	G	Ç	L	C	R	P	N	D	I	I	Ç	B	B	R
F	A	A	E	O	J	T	T	V	E	W	C	M	V	L	Ã
Q	G	R	R	P	D	A	E	E	R	P	R	G	L	I	O
M	O	A	D	E	P	M	L	C	A	H	N	I	Z	O	C
I	B	G	S	I	I	Ç	T	C	P	B	F	M	X	T	T
T	T	Q	N	T	M	R	N	P	E	C	Q	X	Z	E	E
A	A	R	U	O	S	S	A	V	S	O	E	U	D	C	L
P	L	P	A	R	V	T	Z	Ç	P	A	J	R	N	A	H
E	E	Q	V	N	V	X	A	I	E	U	F	I	C	H	A
T	N	X	S	E	W	R	V	S	L	R	T	M	D	A	D
E	A	R	G	I	H	Q	U	Ó	H	T	X	X	O	L	O
N	J	F	X	R	E	W	W	T	O	K	F	J	P	E	V
A	J	F	W	A	H	O	J	Ã	Y	G	G	C	Q	V	F
C	O	R	T	I	N	A	S	O	T	R	A	U	Q	C	C

TAPETE
SÓTÃO
BIBLIOTECA
LAREIRA
COZINHA
CORTINAS
CHUVEIRO
VASSOURA
ESPELHO
GARAGEM
TORNEIRA
QUARTO
JARDIM
PAREDE
PISO
PORTA
PORÃO
TELHADO
CERCA
JANELA

26 - Artes Visuales

E	R	N	X	C	O	H	G	V	S	X	S	Y	T	X	Z
M	S	Y	C	U	A	R	U	T	E	T	I	U	Q	R	A
L	L	C	B	O	N	V	I	W	Y	P	P	T	P	O	C
I	R	D	U	H	I	W	A	C	A	K	Á	A	E	B	I
F	C	B	V	L	Y	S	I	L	R	E	L	B	R	R	M
Z	W	A	E	Z	T	S	F	B	E	O	P	E	S	A	Â
S	O	H	N	J	J	U	A	R	C	T	L	S	P	P	R
G	J	Ç	O	E	Ç	N	R	E	O	A	E	T	E	R	E
L	L	L	Q	U	T	I	G	A	M	R	A	Ê	C	I	C
A	R	G	I	L	A	A	O	F	P	T	R	N	T	M	Q
B	C	Z	D	C	A	Z	T	R	O	E	T	C	I	A	Q
E	L	I	L	U	W	F	O	Y	S	R	I	I	V	S	N
P	I	N	T	U	R	A	F	B	I	Ç	S	L	A	R	C
G	G	R	T	Q	G	C	L	F	Ç	X	T	X	U	S	H
J	R	E	O	P	O	F	E	U	Ã	M	A	W	A	G	P
Z	Ç	V	K	S	W	G	N	H	O	C	G	I	G	I	Z

ARGILA
ARQUITETURA
ARTISTA
VERNIZ
CAVALETE
CERA
CERÂMICA
COMPOSIÇÃO
ESCULTURA
FOTOGRAFIA
LÁPIS
OBRA-PRIMA
FILME
PERSPECTIVA
PINTURA
ESTÊNCIL
CANETA
RETRATO
GIZ

27 - Salud y Bienestar #2

E	O	Ç	A	X	R	E	C	U	P	E	R	A	Ç	Ã	O
Q	S	A	C	I	T	É	N	E	G	U	P	D	A	S	U
G	J	T	H	F	F	W	G	G	F	G	F	I	P	A	I
X	D	E	R	M	T	C	Z	Y	O	N	U	G	E	U	I
J	Y	I	F	E	O	U	Z	E	G	A	Y	E	T	D	I
A	O	D	M	E	S	M	O	X	A	S	O	S	I	Á	T
I	L	A	T	I	P	S	O	H	Ç	S	O	T	T	V	Ç
M	N	E	O	Ã	Ç	C	E	F	N	I	Ã	Ã	E	E	W
O	J	U	R	I	F	N	N	M	E	N	Ç	O	N	L	B
T	Ç	J	G	G	A	J	W	O	O	T	I	E	E	O	Y
A	F	H	U	Ç	I	K	Y	H	D	L	R	M	I	W	B
N	C	F	Z	R	A	A	P	K	P	Q	T	N	G	H	C
A	M	A	S	S	A	G	E	M	Q	P	U	U	I	G	C
B	Q	A	A	N	I	A	I	G	R	E	N	E	H	O	V
C	A	L	O	R	I	A	K	Y	G	S	X	O	Z	X	I
V	I	T	A	M	I	N	A	K	Z	O	N	Q	N	D	Q

ALERGIA
ANATOMIA
APETITE
CALORIA
DIETA
DIGESTÃO
ENERGIA
DOENÇA
ESTRESSE
GENÉTICA
HIGIENE
HOSPITAL
INFECÇÃO
MASSAGEM
NUTRIÇÃO
PESO
RECUPERAÇÃO
SAUDÁVEL
SANGUE
VITAMINA

28 - Selva Tropical

B	R	M	S	X	Z	H	E	D	F	N	U	V	E	N	S
C	O	Ã	Ç	A	V	R	E	S	E	R	P	V	I	P	N
E	L	T	S	X	B	B	N	A	U	V	Ç	O	N	Á	X
L	C	I	Â	Ç	H	H	G	A	W	A	L	I	S	S	O
G	G	V	M	N	F	N	A	J	T	K	M	G	E	S	F
I	A	Y	R	A	I	S	X	A	T	U	T	Ú	T	A	N
O	V	Z	V	U	M	C	K	A	T	V	R	F	O	R	A
A	L	P	V	P	U	F	O	G	S	U	M	E	S	O	E
R	E	S	P	E	I	T	O	G	O	T	Ç	R	Z	S	S
X	S	C	O	M	U	N	I	D	A	D	E	L	F	A	P
Q	S	O	B	R	E	V	I	V	Ê	N	C	I	A	U	É
M	A	M	Í	F	E	R	O	S	Z	Ç	X	K	Q	H	C
D	I	V	E	R	S	I	D	A	D	E	J	B	Z	T	I
Z	Ç	Q	Q	X	P	I	N	D	Í	G	E	N	A	Y	E
R	E	S	T	A	U	R	A	Ç	Ã	O	R	K	C	L	S
A	N	F	Í	B	I	O	S	V	A	L	I	O	S	O	Y

ANFÍBIOS
BOTÂNICO
CLIMA
COMUNIDADE
DIVERSIDADE
ESPÉCIES
INDÍGENA
INSETOS
MAMÍFEROS
MUSGO
NATUREZA
NUVENS
PÁSSAROS
PRESERVAÇÃO
REFÚGIO
RESPEITO
RESTAURAÇÃO
SELVA
SOBREVIVÊNCIA
VALIOSO

29 - Adjetivos #1

C	K	D	V	K	O	G	R	R	G	H	U	X	M	G	V
V	E	I	M	P	O	R	T	A	N	T	E	X	O	R	A
X	B	G	V	E	P	E	R	F	E	I	T	O	D	A	L
T	N	U	P	Q	V	V	H	T	O	T	Y	W	E	N	I
I	K	L	N	P	R	O	T	S	E	N	O	H	R	D	O
N	R	S	X	D	U	V	J	U	E	M	R	O	N	E	S
S	É	R	I	O	S	O	I	C	I	B	M	A	O	T	O
F	K	J	D	Z	C	X	A	O	W	M	Q	C	V	N	Q
C	X	F	J	A	O	I	H	B	U	G	B	Z	I	E	Q
B	R	I	L	H	A	N	T	E	S	Ç	N	Ç	T	C	E
A	T	R	A	E	N	T	E	Á	J	O	C	E	A	O	A
G	E	N	E	R	O	S	O	D	M	D	L	O	Z	N	L
E	N	E	S	D	Z	J	I	L	D	O	S	U	H	I	Y
X	F	T	R	I	W	M	Z	Z	N	M	R	E	T	P	A
L	E	N	T	O	R	U	C	S	E	Z	E	A	Z	O	I
P	E	S	A	D	O	R	T	I	X	A	L	D	L	D	I

ABSOLUTO
ATIVO
AMBICIOSO
AROMÁTICO
ATRAENTE
BRILHANTE
ENORME
GENEROSO
GRANDE
HONESTO
IMPORTANTE
INOCENTE
JOVEM
LENTO
MODERNO
ESCURO
PERFEITO
PESADO
SÉRIO
VALIOSO

30 - Familia

I	W	X	Z	C	Ç	A	V	C	C	I	D	W	V	D	X
N	M	A	G	E	I	D	R	T	U	K	T	B	S	P	O
F	E	A	E	X	R	D	U	Y	P	U	G	U	P	C	W
Â	O	I	T	U	M	R	S	M	L	O	U	W	V	L	D
N	D	T	E	E	Ã	M	Y	D	Q	H	O	Y	U	U	A
C	T	M	Y	E	R	V	B	I	R	Q	F	I	L	H	A
I	Q	W	S	P	M	N	O	P	M	F	O	O	T	E	N
A	Ç	N	A	I	R	C	O	A	V	A	J	H	L	I	U
E	S	P	O	S	A	C	H	I	Y	Ç	R	N	A	V	Q
Y	N	N	S	D	H	I	R	U	O	M	M	I	C	C	W
B	Z	J	P	C	N	R	H	I	Z	W	L	R	D	Q	A
B	P	V	M	W	I	M	P	H	A	Y	U	B	V	O	A
U	R	C	R	S	R	Ã	S	O	O	N	G	O	Q	I	V
Ç	I	V	W	Z	B	O	G	O	V	P	Ç	S	F	B	Ô
N	M	A	V	Ó	O	C	O	I	P	Ç	O	A	W	X	T
H	O	D	A	S	S	A	P	E	T	N	A	M	S	S	I

AVÓ
AVÔ
ANTEPASSADO
ESPOSA
IRMÃ
IRMÃO
FILHA
INFÂNCIA
MÃE
MARIDO
MATERNO
NETO
CRIANÇA
CRIANÇAS
PAI
PRIMO
SOBRINHA
SOBRINHO
TIA
TIO

31 - Disciplinas Científicas

G	P	I	F	M	B	I	O	Q	U	Í	M	I	C	A	A
E	S	M	I	E	A	S	T	R	O	N	O	M	I	A	R
O	I	U	S	C	X	C	J	A	F	N	A	A	C	L	Q
L	C	N	I	Â	A	I	G	O	L	O	I	C	O	S	U
O	O	O	O	N	C	G	F	M	A	Z	G	I	M	B	E
G	L	L	L	I	I	P	Ç	E	N	O	O	M	I	O	O
I	O	O	O	C	T	T	C	T	A	O	L	Â	N	T	L
A	G	G	G	A	S	J	A	E	T	L	O	N	E	Â	O
G	I	I	I	L	Í	G	F	O	O	O	R	I	R	N	G
N	A	A	A	U	U	T	F	R	M	G	U	D	A	I	I
E	C	O	L	O	G	I	A	O	I	I	E	O	L	C	A
T	A	P	T	A	N	U	T	L	A	A	N	M	O	A	Y
H	G	F	A	W	I	I	Q	O	G	K	L	R	G	Z	L
J	J	Y	X	V	L	O	B	G	Q	Ç	Ç	E	I	H	I
B	I	O	L	O	G	I	A	I	E	B	Y	T	A	F	T
Q	U	Í	M	I	C	A	E	A	L	W	U	P	Q	L	L

ANATOMIA
ARQUEOLOGIA
ASTRONOMIA
BIOLOGIA
BIOQUÍMICA
BOTÂNICA
ECOLOGIA
FISIOLOGIA
GEOLOGIA
IMUNOLOGIA

LINGUÍSTICA
MECÂNICA
METEOROLOGIA
MINERALOGIA
NEUROLOGIA
PSICOLOGIA
QUÍMICA
SOCIOLOGIA
TERMODINÂMICA
ZOOLOGIA

32 - Cocina

P	X	Q	G	R	Y	Y	W	R	F	F	C	P	A	X	K
A	A	T	I	E	C	E	R	A	O	R	H	C	V	Z	R
U	H	V	T	M	L	L	F	R	R	E	A	N	E	Z	X
Z	L	F	Z	O	S	A	M	L	N	E	L	D	N	T	J
I	O	K	P	C	O	Y	D	L	O	Z	E	C	T	M	S
N	X	W	D	H	M	G	H	E	N	E	I	N	A	D	L
H	A	Z	R	Q	Y	R	C	M	I	R	R	N	L	D	Q
O	P	A	N	A	D	R	A	U	G	R	A	G	W	L	B
S	A	I	R	A	I	C	E	P	S	E	A	U	V	C	V
A	P	G	E	O	R	R	A	J	Ç	Q	J	F	G	X	L
C	T	U	Q	K	A	J	N	O	P	S	E	I	Y	J	S
A	U	S	C	R	J	H	T	I	G	E	L	A	O	J	E
F	Y	W	O	W	P	M	C	G	A	R	F	O	S	E	L
W	S	I	E	J	M	Ç	X	N	B	I	O	G	F	E	L
C	F	G	P	W	V	E	Z	C	O	L	H	E	R	E	S
G	R	E	L	H	A	Q	J	O	E	C	G	Ç	Z	L	P

CHALEIRA
COMER
FREEZER
COLHERES
CONCHA
FACAS
AVENTAL
ESPECIARIAS
ESPONJA
FORNO
JARRO
PAUZINHOS
GRELHA
RECEITA
GELADEIRA
GUARDANAPO
JAR
CUPS
TIGELA
GARFOS

33 - Salud y Bienestar #1

E	Q	R	H	H	G	H	Ç	H	R	J	T	H	E	L	T
R	W	E	L	E	P	I	S	A	E	T	D	O	N	L	A
S	O	L	U	C	S	Ú	M	M	F	E	E	R	M	L	T
M	T	A	R	U	T	S	O	P	L	H	O	M	L	B	I
E	I	X	U	E	C	N	K	Ç	E	K	T	O	Z	A	V
D	B	A	C	O	D	G	W	P	X	O	H	N	C	C	O
I	Á	M	F	L	O	O	H	O	O	S	P	E	L	T	R
C	H	E	C	A	Í	W	U	H	M	S	U	S	J	É	L
I	R	N	P	D	R	N	B	T	M	O	I	N	Y	R	E
N	Z	T	Ç	R	D	M	I	L	O	S	P	Z	S	I	R
A	V	O	F	O	M	E	Á	C	A	R	U	T	L	A	H
F	R	A	T	U	R	A	Y	C	A	B	H	I	N	S	W
V	Í	R	U	S	A	L	M	A	I	P	A	R	E	T	G
T	R	A	T	A	M	E	N	T	O	A	T	E	W	Ç	H
N	E	X	H	E	M	C	D	K	W	W	P	K	W	E	I
B	G	K	L	G	Z	T	Ç	O	I	W	U	J	G	M	Ç

ATIVO
ALTURA
BACTÉRIAS
CLÍNICA
DOUTOR
FARMÁCIA
FRATURA
FOME
HÁBITO
HORMONES
OSSOS
MEDICINA
MÚSCULOS
PELE
POSTURA
REFLEXO
RELAXAMENTO
TERAPIA
TRATAMENTO
VÍRUS

34 - Adjetivos #2

M	P	S	F	X	P	F	R	E	S	C	O	X	C	O	X
R	N	I	X	E	Y	R	P	S	P	J	B	P	R	R	C
N	A	T	U	R	A	L	O	I	E	P	K	X	N	G	R
N	O	R	M	A	L	E	V	D	C	C	W	P	Ç	U	I
B	O	I	Y	K	P	V	O	B	U	A	O	V	C	L	A
B	D	Ç	A	X	H	Á	N	Q	D	T	N	X	H	H	T
F	A	M	O	S	O	D	H	T	V	L	I	T	Ç	O	I
D	G	R	C	V	U	U	S	H	A	Ç	K	V	E	S	V
C	L	G	I	L	M	A	K	V	X	Ç	T	C	O	O	O
A	A	H	T	R	E	S	P	O	N	S	Á	V	E	L	K
N	S	D	Á	B	S	A	H	S	V	V	F	O	R	T	E
S	V	U	M	Q	D	T	N	E	L	E	G	A	N	T	E
A	K	J	A	D	E	S	C	R	I	T	I	V	O	X	J
D	P	Ç	R	I	N	T	E	R	E	S	S	A	N	T	E
O	E	N	D	C	O	M	E	S	T	Í	V	E	L	J	O
N	N	K	T	Y	D	J	X	L	Ç	N	N	Q	V	I	Y

CANSADO
COMESTÍVEL
CRIATIVO
DESCRITIVO
DRAMÁTICO
ELEGANTE
FAMOSO
FRESCO
FORTE
INTERESSANTE
NATURAL
NORMAL
NOVO
ORGULHOSO
PICANTE
PRODUTIVO
RESPONSÁVEL
SALGADO
SAUDÁVEL
SECO

35 - Cuerpo Humano

H	A	C	V	T	A	L	L	A	Y	V	S	C	C	P	Y
C	B	L	J	Ç	R	J	Q	B	F	Q	J	A	É	E	J
M	V	X	Z	C	M	T	S	Q	R	F	M	B	R	S	V
P	K	Y	U	T	J	X	Z	O	U	C	T	E	E	C	D
C	O	T	O	V	E	L	O	M	G	E	Z	Ç	B	O	K
K	T	E	D	N	S	B	Ã	B	C	U	I	A	R	Ç	O
S	S	L	E	U	N	H	Ç	R	P	G	R	X	O	O	U
B	O	Ç	D	R	X	I	A	O	D	N	A	R	O	D	Ç
G	R	V	F	D	T	Q	R	O	A	A	N	P	H	C	K
P	E	R	N	A	E	U	O	M	H	S	I	Z	L	A	G
Ç	W	J	B	E	G	T	C	U	L	L	Q	M	O	K	E
B	C	B	I	R	Ç	X	Z	P	E	L	E	Ã	F	R	T
I	P	Z	O	D	Ç	O	L	G	R	R	F	O	B	R	E
J	M	Q	N	C	P	Y	I	T	O	M	I	Z	J	Ç	Y
B	X	E	Ç	O	A	U	G	N	Í	L	K	J	S	R	J
T	O	R	N	O	Z	E	L	O	W	Z	U	E	G	V	R

QUEIXO
BOCA
CABEÇA
ROSTO
CÉREBRO
COTOVELO
CORAÇÃO
PESCOÇO
DEDO
OMBRO
LÍNGUA
MÃO
NARIZ
OLHO
ORELHA
PELE
PERNA
JOELHO
SANGUE
TORNOZELO

36 - Calentamiento Global

R	N	Y	S	O	D	A	D	V	U	Q	S	A	T	E	H
N	Q	L	A	N	O	I	C	A	N	R	E	T	N	I	X
Q	D	S	I	S	U	L	A	M	B	I	E	N	T	A	L
G	N	P	C	S	B	R	I	I	B	H	B	S	O	Á	I
T	V	N	N	Q	D	V	M	B	D	C	G	I	A	R	N
Q	D	K	Ê	Y	R	J	C	E	I	I	O	G	G	T	D
P	O	P	U	L	A	Ç	Õ	E	S	E	V	N	O	I	Ú
J	Ã	H	Q	G	Ç	V	G	S	Á	N	E	I	R	C	S
I	Ç	T	E	E	E	L	P	I	G	T	R	F	A	O	T
P	N	F	S	F	N	R	L	R	E	I	N	I	O	N	R
M	E	P	N	F	U	E	A	C	L	S	O	C	A	A	I
O	T	C	O	Q	M	T	R	Ç	U	T	D	A	N	S	A
R	A	Q	C	Q	Q	U	U	G	Õ	A	T	T	E	Q	K
C	L	I	M	A	Ç	M	X	R	I	E	U	I	B	K	I
Z	H	F	J	Z	V	B	F	D	O	A	S	V	I	D	O
H	B	L	E	G	I	S	L	A	Ç	Ã	O	O	Q	W	U

AGORA
AMBIENTAL
ATENÇÃO
ÁRTICO
CIENTISTA
CLIMA
CONSEQUÊNCIAS
CRISE
DADOS
ENERGIA
FUTURO
GÁS
GERAÇÕES
GOVERNO
INDÚSTRIA
INTERNACIONAL
LEGISLAÇÃO
POPULAÇÕES
SIGNIFICATIVO

37 - Ciencia

P	A	R	T	Í	C	U	L	A	S	Y	H	M	D	O	E
K	Q	A	U	G	S	X	L	T	G	X	Z	S	A	O	X
L	U	A	C	I	S	Í	F	I	E	C	U	L	D	U	P
B	Í	T	B	X	E	S	E	T	Ó	P	I	H	O	D	E
D	M	S	Z	C	E	V	F	A	T	O	Y	R	S	S	R
O	I	I	O	X	O	J	O	F	Ó	S	S	I	L	A	I
R	C	T	S	V	M	C	I	L	M	G	F	C	G	L	Ê
G	O	N	N	Z	O	I	V	I	U	É	W	D	M	U	N
A	Z	E	R	U	T	A	N	P	F	Ç	T	A	M	C	C
N	E	I	S	S	Á	I	C	S	L	R	Ã	O	Q	É	I
I	J	C	C	T	E	R	W	Y	B	A	P	O	D	L	A
S	I	A	R	E	N	I	M	Q	I	G	N	K	C	O	C
M	L	A	B	O	R	A	T	Ó	R	I	O	T	V	M	L
O	G	R	A	V	I	D	A	D	E	L	V	Z	A	T	I
I	F	I	K	C	R	V	G	A	Y	A	Y	S	D	S	M
W	Z	N	M	Ç	Z	C	V	I	B	O	H	O	N	Y	A

ÁTOMO
CIENTISTA
CLIMA
DADOS
EVOLUÇÃO
EXPERIÊNCIA
FÍSICA
FÓSSIL
GRAVIDADE
FATO
HIPÓTESE
LABORATÓRIO
MÉTODO
MINERAIS
MOLÉCULAS
NATUREZA
ORGANISMO
PARTÍCULAS
PLANTAS
QUÍMICO

38 - Restaurante #2

Ç	C	J	T	G	E	L	O	P	R	X	D	A	D	E	Y
R	N	O	L	O	B	S	A	L	A	D	A	L	E	S	N
K	D	V	L	G	D	A	D	Q	T	O	U	M	L	P	H
U	Y	O	L	H	E	V	I	P	U	Ç	G	O	I	E	U
Y	L	V	Y	I	E	W	B	Y	R	J	Á	Ç	C	C	S
G	A	R	Ç	O	M	R	E	C	F	Z	Z	O	I	I	A
J	A	N	T	A	R	Q	B	H	A	B	A	V	O	A	S
G	S	A	V	Y	S	C	D	D	X	D	A	I	S	R	T
N	W	Y	K	I	E	Ç	M	N	C	A	E	T	O	I	L
E	T	H	N	E	N	F	I	D	L	Z	X	I	F	A	E
S	X	L	G	Y	K	W	X	K	I	K	I	R	R	S	G
S	D	X	U	I	X	L	P	U	D	O	E	E	A	A	U
Ç	B	S	I	N	E	A	B	O	U	Q	P	P	G	G	M
Z	O	D	O	L	Ç	E	J	O	J	P	K	A	C	S	E
L	S	Ç	M	P	Y	H	B	U	Ç	D	P	H	Ç	H	S
S	A	L	U	Q	A	Y	S	O	I	W	L	O	S	G	M

ÁGUA
ALMOÇO
APERITIVO
BEBIDA
GARÇOM
JANTAR
COLHER
DELICIOSO
SALADA
ESPECIARIAS
FRUTA
GELO
OVO
BOLO
PEIXE
SAL
CADEIRA
SOPA
GARFO
LEGUMES

39 - Profesiones #1

A	R	I	E	M	R	E	F	N	E	D	J	M	R	F	W
C	S	K	R	I	A	M	Ú	S	I	C	O	N	O	G	X
A	J	T	N	G	J	N	Q	X	Q	J	W	R	D	O	S
R	O	V	R	P	S	I	C	Ó	L	O	G	O	A	R	D
T	A	E	O	Ô	O	Ç	Y	I	L	S	W	D	X	I	S
Ó	L	T	T	V	N	T	I	L	V	M	J	A	I	E	A
G	H	E	U	M	I	O	R	I	E	U	Q	N	A	B	T
R	E	R	O	P	R	G	M	R	L	M	T	I	B	M	L
A	I	I	D	I	A	O	G	O	R	I	B	E	M	O	E
F	R	N	X	A	Ç	L	I	T	Ç	O	Q	R	E	B	T
O	O	Á	W	N	N	Ó	M	I	I	K	D	T	U	E	A
K	H	R	O	I	A	E	A	D	V	O	G	A	D	O	X
X	X	I	L	S	D	G	W	E	D	L	E	S	Ç	U	W
Ç	M	O	F	T	J	N	G	Ç	M	R	N	Z	W	A	G
G	G	H	R	A	E	E	N	C	A	N	A	D	O	R	C
P	W	Ç	L	W	F	Ç	H	X	D	L	H	G	C	N	J

ADVOGADO
ASTRÔNOMO
ATLETA
DANÇARINO
BANQUEIRO
BOMBEIRO
CARTÓGRAFO
CAÇADOR
DOUTOR
EDITOR
EMBAIXADOR
ENFERMEIRA
TREINADOR
ENCANADOR
GEÓLOGO
JOALHEIRO
MÚSICO
PIANISTA
PSICÓLOGO
VETERINÁRIO

40 - Vehículos

A	C	W	O	E	S	X	R	J	N	T	C	M	H	K	M
N	M	A	T	F	R	Q	M	A	S	R	A	T	V	T	A
G	F	B	M	Ç	S	U	E	N	P	A	R	O	T	O	M
C	O	B	U	I	X	Á	T	G	N	N	R	X	I	Q	P
I	G	A	D	L	N	A	R	A	P	S	O	C	R	A	B
G	U	L	Ç	D	Â	H	Ô	D	O	P	Ã	G	H	H	M
G	E	S	Q	U	G	N	Ã	A	M	O	I	G	D	E	A
Ç	T	A	P	C	X	D	C	O	J	R	V	S	M	L	W
Ô	E	Y	E	A	N	L	Y	I	S	T	A	X	M	I	A
O	N	I	R	A	M	B	U	S	A	E	R	C	C	C	L
K	R	I	Q	R	B	I	C	I	C	L	E	T	A	Ó	V
W	Q	K	B	C	A	R	A	V	A	N	A	U	G	P	T
N	A	Q	O	U	F	U	R	G	Ã	O	Q	U	T	T	E
M	R	O	G	W	S	T	R	A	T	O	R	V	W	E	D
B	Y	J	F	F	M	B	M	N	M	D	R	O	T	R	A
Ç	O	M	V	K	Z	O	R	P	N	T	Y	T	J	O	X

AMBULÂNCIA
ÔNIBUS
AVIÃO
JANGADA
BARCO
BICICLETA
CAMINHÃO
CARAVANA
CARRO
FOGUETE
BALSA
FURGÃO
HELICÓPTERO
TRANSPORTE
METRÔ
MOTOR
PNEUS
SUBMARINO
TÁXI
TRATOR

41 - Geometría

T	B	B	R	W	U	R	B	M	C	K	P	Y	O	O	L
S	R	A	R	U	T	L	A	A	E	Á	T	X	Ã	O	J
U	H	I	Y	P	L	G	V	S	K	V	L	O	Ç	D	Z
P	O	R	Â	N	M	G	R	S	K	D	T	C	A	W	T
E	R	O	Z	N	W	L	U	A	Q	L	J	V	U	H	S
R	I	E	P	Ç	G	Ç	C	H	T	Ó	Q	N	Q	L	W
F	Z	T	T	I	V	U	Z	B	W	G	U	T	E	F	O
Í	O	L	U	G	N	Â	L	T	I	I	J	P	O	M	R
C	N	B	N	J	D	O	W	O	W	C	Z	R	E	E	T
I	T	X	O	T	H	G	Q	Ç	T	A	H	L	K	D	E
E	A	I	R	T	E	M	I	S	U	N	Q	T	W	I	M
E	L	C	E	F	E	R	V	S	T	I	E	C	W	A	Â
Z	V	I	M	D	I	M	E	N	S	Ã	O	M	W	N	I
Ç	L	Y	Ú	P	A	R	A	L	E	L	O	O	G	A	D
Z	K	W	N	P	R	O	P	O	R	Ç	Ã	O	F	E	C
I	D	C	O	G	H	G	V	E	R	T	I	C	A	L	S

ALTURA
ÂNGULO
CÁLCULO
CURVA
DIÂMETRO
DIMENSÃO
EQUAÇÃO
HORIZONTAL
LÓGICA
MASSA
MEDIANA
NÚMERO
PARALELO
PROPORÇÃO
SEGMENTO
SIMETRIA
SUPERFÍCIE
TEORIA
TRIÂNGULO
VERTICAL

42 - Vacaciones #2

T	R	A	N	S	P	O	R	T	E	Q	V	Q	F	D	W
A	E	R	O	P	O	R	T	O	J	S	N	Z	E	E	U
I	E	T	Á	X	I	H	F	B	S	H	X	T	R	S	X
A	W	S	H	K	X	W	A	W	Z	B	S	C	I	T	N
R	B	H	T	O	H	Z	Q	F	O	T	O	S	A	I	C
P	K	W	Ç	R	T	I	L	H	A	V	Ç	P	D	N	R
G	F	D	I	G	A	E	G	A	P	C	T	S	O	O	O
P	Z	E	M	A	R	N	L	B	E	E	E	V	I	A	M
Y	B	I	Y	I	K	P	G	U	Q	S	N	I	J	H	O
H	O	M	P	M	F	J	E	E	K	A	D	S	E	A	G
V	M	O	A	E	M	E	G	A	I	V	A	T	T	I	Z
P	T	L	A	P	R	X	Z	D	A	R	H	O	M	P	L
L	A	Z	E	R	A	Z	Q	Y	H	E	O	P	Q	J	L
G	Q	E	T	N	A	R	U	A	T	S	E	R	T	I	K
E	P	A	S	S	A	P	O	R	T	E	K	U	Z	F	C
M	O	N	T	A	N	H	A	S	G	R	D	C	G	K	G

AEROPORTO
TENDA
DESTINO
ESTRANGEIRO
FOTOS
HOTEL
ILHA
MAPA
MAR
MONTANHAS
LAZER
PASSAPORTE
PRAIA
RESERVAS
RESTAURANTE
TÁXI
TRANSPORTE
FERIADO
VIAGEM
VISTO

43 - Baile

T	M	Z	E	G	V	E	C	W	T	Ç	H	K	H	J	E
A	R	O	P	R	O	C	Ç	I	Y	A	B	J	P	B	X
Ç	F	A	V	O	U	W	Z	P	X	P	U	R	K	C	P
D	R	L	D	I	Q	F	Ç	V	W	M	V	T	M	O	R
T	T	S	S	I	M	A	C	A	D	E	M	I	A	R	E
R	B	R	M	X	C	E	V	I	S	U	A	L	S	E	S
A	L	E	G	R	E	I	N	B	Z	Q	U	L	P	O	S
T	A	Ç	A	R	G	E	O	T	U	Z	P	C	P	G	I
L	R	E	G	Q	I	H	V	N	O	M	O	N	O	R	V
A	U	R	R	S	O	U	V	Z	A	Q	D	M	S	A	O
S	T	X	Y	A	W	A	R	U	T	L	U	C	T	F	L
H	L	O	P	C	U	G	V	M	D	W	E	J	U	I	X
B	U	T	R	I	E	M	O	Ç	Ã	O	E	T	R	A	R
E	C	E	N	S	A	I	O	R	I	E	C	R	A	P	L
W	Z	V	K	Ú	C	L	Á	S	S	I	C	O	N	V	P
P	V	G	X	M	L	T	W	U	R	X	S	C	J	N	T

ACADEMIA
ALEGRE
ARTE
CLÁSSICO
COREOGRAFIA
CORPO
CULTURA
CULTURAL
EMOÇÃO
ENSAIO
EXPRESSIVO
GRAÇA
MOVIMENTO
MÚSICA
POSTURA
RITMO
SALTAR
PARCEIRO
TRADICIONAL
VISUAL

44 - Matemáticas

A	S	E	P	P	T	Y	P	Q	V	O	R	A	I	O	G
R	I	S	E	A	R	N	E	E	U	M	P	Ç	O	Ã	C
I	M	F	R	R	I	E	R	P	E	A	A	O	J	Ç	I
T	E	E	P	A	Â	Q	Í	O	O	R	D	O	N	A	N
M	T	R	E	L	N	U	M	L	S	G	W	R	M	R	P
É	R	A	N	E	G	A	E	Í	J	O	X	T	A	F	S
T	I	R	D	L	U	Ç	T	G	I	L	C	E	I	D	T
I	A	I	I	O	L	Ã	R	O	E	E	D	M	R	W	O
C	W	H	C	E	O	O	O	N	N	L	D	Â	T	T	L
A	X	N	U	X	X	Â	I	O	T	A	Y	I	E	H	U
E	M	U	L	O	V	P	N	M	V	R	F	D	M	Q	G
O	Z	M	A	D	U	K	O	G	Z	A	O	P	O	T	N
K	I	I	R	R	P	T	A	E	U	P	I	Ç	E	W	Â
U	C	D	E	C	I	M	A	L	N	L	P	J	G	D	T
I	E	C	J	D	M	M	N	N	H	T	O	R	W	A	E
E	K	Y	Y	Q	Y	B	C	U	H	F	E	S	K	G	R

ARITMÉTICA
ÂNGULOS
QUADRADO
DECIMAL
DIÂMETRO
EQUAÇÃO
ESFERA
EXPOENTE
FRAÇÃO
GEOMETRIA
PARALELO
PARALELOGRAMO
PERÍMETRO
PERPENDICULAR
POLÍGONO
RAIO
RETÂNGULO
SIMETRIA
TRIÂNGULO
VOLUME

45 - Profesiones #2

H	U	L	A	I	E	P	B	J	M	Ç	W	W	S	D	B
F	Ç	I	H	L	O	Ã	I	G	R	U	R	I	C	W	I
F	M	N	R	U	F	G	Z	L	C	N	I	L	V	J	Ó
N	V	G	K	S	A	D	P	O	O	C	I	D	É	M	L
D	A	U	X	T	R	C	S	R	I	T	R	U	C	J	O
O	T	I	P	R	G	S	S	I	R	I	O	A	U	S	G
E	S	S	A	A	Ó	S	T	E	Á	C	D	S	I	F	O
V	I	T	I	D	T	W	O	N	C	D	A	T	N	I	G
I	L	A	A	O	O	C	R	I	E	E	G	R	V	L	O
T	A	N	K	R	F	F	U	D	T	N	I	O	E	Ó	L
E	N	G	E	N	H	E	I	R	O	T	T	N	N	S	Ó
T	R	Y	K	N	K	U	E	A	I	I	S	A	T	O	O
E	O	P	I	N	T	O	R	J	L	S	E	U	O	F	Z
D	J	Y	Y	M	I	E	Ç	Z	B	T	V	T	R	O	T
P	R	O	F	E	S	S	O	R	I	A	N	A	M	V	Z
M	N	W	I	A	M	Q	Q	C	B	K	I	D	S	B	E

ASTRONAUTA
BIBLIOTECÁRIO
BIÓLOGO
CIRURGIÃO
DENTISTA
DETETIVE
FILÓSOFO
FOTÓGRAFO
ILUSTRADOR
ENGENHEIRO
INVENTOR
INVESTIGADOR
JARDINEIRO
LINGUISTA
MÉDICO
JORNALISTA
PILOTO
PINTOR
PROFESSOR
ZOÓLOGO

46 - Senderismo

R	M	H	K	U	T	P	J	P	S	Ç	A	A	I	L	X
L	O	S	O	O	P	D	A	Z	E	R	U	T	A	N	O
L	S	M	C	R	G	E	G	S	M	N	B	S	U	K	X
G	Q	O	S	I	H	I	S	J	U	V	H	I	G	Q	O
D	U	N	Ç	E	O	N	A	A	C	L	J	A	Á	R	C
V	I	T	O	N	K	J	I	M	D	H	U	M	S	L	R
D	T	A	W	T	I	B	U	I	Q	O	I	I	A	C	W
X	O	N	Y	A	W	R	G	L	X	Ã	W	N	T	L	O
P	S	H	W	Ç	Q	D	Z	C	P	Ç	P	A	O	A	X
W	A	A	Q	Ã	B	N	Ç	V	W	A	O	P	B	V	Q
I	C	R	K	O	Z	T	A	S	T	R	J	A	J	N	J
V	G	P	Q	H	O	T	N	E	M	A	P	M	A	C	A
L	T	R	Y	U	O	V	R	N	Y	P	E	Y	Ç	G	F
W	G	F	S	M	E	G	A	V	L	E	S	U	H	S	C
B	V	D	O	D	A	S	N	A	C	R	M	U	R	R	N
F	E	T	B	Z	B	K	D	L	K	P	E	D	R	A	S

PENHASCO
ÁGUA
ANIMAIS
BOTAS
ACAMPAMENTO
CANSADO
CLIMA
CUME
GUIAS
MAPA
MONTANHA
MOSQUITOS
NATUREZA
ORIENTAÇÃO
PARQUES
PESADO
PEDRAS
PREPARAÇÃO
SELVAGEM
SOL

47 - Naturaleza

J	J	E	E	F	G	D	U	V	H	Z	V	G	S	N	H
R	C	A	A	Z	E	L	E	B	O	V	V	J	E	E	C
D	K	X	B	A	L	A	A	S	Z	R	O	Q	L	V	S
A	I	B	G	V	E	T	I	Ç	E	Ç	E	A	V	O	Ç
Y	S	N	K	P	I	I	T	Ç	Y	R	H	Z	A	E	W
R	I	O	Â	H	R	V	W	L	H	D	T	X	G	I	F
D	E	I	P	M	A	E	R	O	S	Ã	O	O	E	R	F
F	V	V	X	S	I	A	M	I	N	A	T	N	M	O	N
L	M	D	Ç	Q	W	C	V	I	M	O	Q	E	Ç	G	U
A	B	E	L	H	A	S	O	Y	Ç	U	X	R	Z	I	V
C	Á	Y	W	I	N	F	O	L	H	A	G	E	M	R	E
I	K	R	K	P	U	P	A	K	D	C	F	S	X	B	N
P	E	A	T	S	E	R	O	L	F	M	L	Z	L	A	S
O	D	A	O	I	R	Á	U	T	N	A	S	U	X	O	O
R	F	K	C	D	C	Z	O	S	T	F	C	A	R	I	P
T	Q	X	J	W	D	O	C	I	F	Í	C	A	P	W	A

ABELHAS
ANIMAIS
ÁRTICO
BELEZA
FLORESTA
DESERTO
DINÂMICO
EROSÃO
FOLHAGEM
GELEIRA
NEVOEIRO
NUVENS
PACÍFICO
ABRIGO
RIO
SELVAGEM
SANTUÁRIO
SERENO
TROPICAL
VITAL

48 - Conduciendo

M	Y	H	K	T	N	Q	X	M	I	G	Y	G	S	I	C
A	K	S	B	Ú	W	Z	W	T	H	U	A	F	Á	H	A
P	U	C	I	N	M	P	Y	J	T	C	A	V	S	S	M
A	P	R	X	E	A	C	I	D	E	N	T	E	E	O	I
C	Z	P	M	L	W	J	C	H	O	E	E	P	G	I	N
C	O	M	B	U	S	T	Í	V	E	L	L	O	U	E	H
P	G	K	V	G	A	G	T	G	H	P	C	L	R	R	Ã
Q	E	L	E	K	O	R	R	A	C	E	I	Í	A	F	O
K	F	R	O	T	O	M	A	R	L	D	C	C	N	Q	M
V	Á	X	I	S	Y	I	N	A	I	E	O	I	Ç	T	W
P	R	Y	H	G	F	J	S	G	C	S	T	A	A	C	O
H	T	V	I	Ç	O	N	P	E	E	T	O	O	R	M	Y
H	M	O	W	D	F	W	O	M	N	R	M	N	B	N	O
D	L	O	J	D	J	L	R	W	Ç	E	Y	L	B	R	O
M	C	P	I	R	J	Ç	T	B	A	Q	B	Q	Z	Z	D
F	S	T	M	K	C	Z	E	D	I	P	A	R	B	C	E

ACIDENTE
RUA
CAMINHÃO
CARRO
COMBUSTÍVEL
FREIOS
GARAGEM
GÁS
LICENÇA
MAPA

MOTOCICLETA
MOTOR
PEDESTRE
PERIGO
POLÍCIA
SEGURANÇA
TRANSPORTE
TRÁFEGO
TÚNEL
RAPIDEZ

49 - Ballet

D	D	G	C	D	T	Q	E	Y	P	T	M	I	Ç	A	J
H	A	B	O	V	I	S	S	E	R	P	X	E	E	R	X
G	W	N	T	O	S	Z	T	X	Á	F	R	H	K	T	O
P	I	Y	Ç	O	M	T	I	R	T	A	I	R	F	Í	R
J	Ú	W	V	A	S	Z	L	O	I	A	S	N	E	S	Q
I	P	B	S	C	R	O	O	T	C	I	Ç	D	Z	T	U
A	N	U	L	A	U	I	W	I	A	F	Z	U	E	I	E
P	Ç	T	Q	I	D	Ç	N	S	C	A	X	Ç	F	C	S
L	O	W	E	Q	C	T	C	O	I	R	Y	I	X	O	T
A	I	W	T	N	M	O	W	P	S	G	G	S	V	T	R
U	D	D	G	I	S	Z	H	M	Ú	O	L	O	S	S	A
S	C	E	M	P	W	I	W	O	M	E	W	O	O	E	P
O	A	W	W	G	O	P	D	C	C	R	E	J	K	G	K
M	Ú	S	C	U	L	O	S	A	X	O	B	R	X	J	K
B	A	I	L	A	R	I	N	A	D	C	U	A	N	E	R
H	A	B	I	L	I	D	A	D	E	E	I	F	Z	Z	X

APLAUSO
ARTÍSTICO
PÚBLICO
BAILARINA
DANÇARINOS
COMPOSITOR
COREOGRAFIA
ENSAIO
ESTILO
EXPRESSIVO
GESTO
HABILIDADE
INTENSIDADE
MÚSCULOS
MÚSICA
ORQUESTRA
PRÁTICA
RITMO
SOLO

50 - Fuerza y Gravedad

M	W	L	X	C	T	A	D	P	R	V	L	E	K	M	P
A	K	A	U	G	U	T	N	I	R	R	I	A	D	K	L
G	Q	S	Z	J	E	R	N	M	N	E	L	H	F	T	A
N	S	R	N	O	L	I	E	O	H	Â	S	V	R	Q	N
E	J	E	D	T	A	T	I	B	R	Ó	M	S	J	N	E
T	Z	V	D	C	V	O	X	I	E	G	A	I	Ã	H	T
I	Ç	I	S	A	W	P	V	Q	J	T	D	N	C	O	A
S	E	N	C	P	D	M	A	Z	V	Z	E	X	L	O	S
M	W	U	W	M	Ç	E	S	E	I	C	S	A	C	R	Y
O	S	E	P	I	O	T	I	O	Ç	A	C	I	S	Í	F
Y	R	G	P	G	R	K	V	R	B	K	O	L	W	D	A
M	A	G	N	I	T	U	D	E	P	R	B	W	O	D	R
D	I	S	T	Â	N	C	I	A	Ç	O	E	F	W	X	E
V	Ç	L	R	M	E	W	Q	L	J	H	R	Q	C	X	R
A	C	I	N	Â	C	E	M	O	Ç	U	T	P	Z	G	K
R	A	P	I	D	E	Z	O	Ã	S	N	A	P	X	E	L

CENTRO
DESCOBERTA
DINÂMICO
DISTÂNCIA
EIXO
EXPANSÃO
FÍSICA
ATRITO
IMPACTO
MAGNETISMO
MAGNITUDE
MECÂNICA
ÓRBITA
PESO
PLANETAS
PRESSÃO
PROPRIEDADES
TEMPO
UNIVERSAL
RAPIDEZ

51 - Aventura

H	E	S	E	D	A	D	I	V	I	T	A	M	Q	L	X
O	Y	O	E	N	Z	F	K	A	Z	E	R	U	T	A	N
I	S	G	G	G	T	N	J	V	A	Y	U	M	A	E	V
R	H	I	Ç	L	U	U	X	E	E	C	V	O	D	X	I
Á	I	M	D	P	M	R	S	B	O	B	A	C	I	A	A
R	O	A	D	T	P	M	A	I	A	M	R	N	F	Y	G
E	D	E	S	T	I	N	O	N	A	Z	B	I	I	X	E
N	A	V	E	G	A	Ç	Ã	O	Ç	S	U	O	C	E	N
I	I	J	C	W	Z	M	Ç	V	D	A	M	S	U	X	S
T	R	M	N	W	E	X	H	O	B	Q	Y	O	L	C	Z
I	G	C	A	Y	L	W	Ç	N	R	Z	Z	G	D	U	C
S	E	S	H	U	E	Q	W	Z	K	H	E	I	A	R	Ç
I	L	O	C	Ç	B	Z	W	X	Z	V	A	R	D	S	K
G	A	P	R	E	P	A	R	A	Ç	Ã	O	E	E	Ã	D
E	S	D	O	I	M	V	F	S	A	I	Ç	P	A	O	O
S	U	R	P	R	E	E	N	D	E	N	T	E	J	G	C

ATIVIDADE
ALEGRIA
AMIGOS
BELEZA
DESTINO
DIFICULDADE
ENTUSIASMO
EXCURSÃO
INCOMUM
ITINERÁRIO
NATUREZA
NAVEGAÇÃO
NOVO
CHANCE
PERIGOSO
PREPARAÇÃO
SEGURANÇA
SURPREENDENTE
BRAVURA
VIAGENS

52 - Pájaros

M	F	O	C	F	Ç	A	D	B	H	G	Z	W	P	J	I
E	D	L	A	D	R	A	P	S	H	A	U	X	A	M	T
B	R	E	A	T	O	V	I	A	G	R	R	M	P	G	B
T	J	O	H	M	Q	L	S	U	U	Ç	T	Y	A	V	P
J	F	Y	N	N	I	S	H	O	S	A	S	V	G	I	E
D	I	Z	O	V	O	N	V	B	W	D	E	N	A	W	L
T	C	V	G	I	V	H	G	M	W	L	V	R	I	X	I
K	E	O	E	Á	O	Q	E	O	S	N	A	G	O	O	C
E	T	K	C	W	G	B	N	P	I	N	G	U	I	M	A
W	Ç	E	W	T	N	U	S	T	U	C	A	N	O	D	N
R	U	N	R	O	A	L	I	Z	V	G	H	Ç	Q	A	O
R	V	T	W	Ã	R	I	C	A	B	J	K	U	P	U	V
Ç	I	K	M	C	F	Ç	A	S	T	C	A	Y	C	E	R
I	A	N	M	L	U	T	X	E	W	N	A	Ç	F	F	O
Y	R	N	N	A	V	C	R	V	Y	Q	N	Ç	O	G	C
G	V	R	G	F	Y	L	O	T	A	P	W	B	B	I	Ç

AVESTRUZ
ÁGUIA
CEGONHA
CISNE
CUCO
CORVO
FLAMINGO
GANSO
GARÇA
GAIVOTA
PARDAL
FALCÃO
OVO
PAPAGAIO
POMBO
PATO
PELICANO
PINGUIM
FRANGO
TUCANO

53 - Geografía

W	B	B	V	Q	Q	M	T	C	I	I	U	X	X	K	L
V	H	I	S	U	O	Ç	E	D	U	T	I	T	A	L	O
C	Ç	R	P	D	Ç	Z	J	R	H	G	O	L	H	Y	N
W	N	O	A	P	A	M	X	W	I	L	Ç	I	L	F	G
Z	X	Z	Í	I	T	T	G	Y	E	D	A	D	I	C	I
K	P	V	S	A	L	T	A	N	Q	Z	I	P	A	O	T
N	O	R	T	E	C	K	O	D	Ç	R	G	A	H	L	U
Z	M	B	Q	J	O	D	N	U	M	E	U	B	N	D	D
I	E	M	F	S	N	S	U	L	Z	G	F	I	A	O	E
R	G	Y	H	H	T	I	P	H	A	I	Z	I	T	R	Y
T	N	G	V	E	I	V	R	M	D	Ã	Ç	Q	N	M	D
F	E	W	T	V	N	V	H	H	B	O	R	I	O	A	Y
J	Ç	K	X	G	E	K	D	Q	Q	H	R	E	M	R	A
Q	Z	G	P	J	N	H	E	M	I	S	F	É	R	I	O
O	E	S	T	E	T	A	L	T	I	T	U	D	E	P	X
C	V	I	Ç	W	E	T	E	R	R	I	T	Ó	R	I	O

ALTITUDE
ATLAS
CIDADE
CONTINENTE
HEMISFÉRIO
ILHA
LATITUDE
LONGITUDE
MAPA
MAR
MERIDIANO
MONTANHA
MUNDO
NORTE
OESTE
PAÍS
REGIÃO
RIO
SUL
TERRITÓRIO

54 - Música

W	B	G	I	D	E	D	I	Y	R	D	N	D	Ó	O	R
P	I	R	Z	G	P	X	M	W	B	Y	Y	C	P	Ç	T
Y	Ç	A	E	Y	E	O	C	I	S	Ú	M	O	E	A	F
T	X	V	A	M	F	C	É	F	O	L	D	R	R	B	G
R	R	A	S	U	I	I	V	T	X	F	U	O	A	Ç	I
T	Q	Ç	V	Z	V	S	E	J	I	X	R	K	P	O	P
H	H	Ã	P	X	W	S	B	O	X	C	U	A	N	S	T
H	A	O	Ç	C	R	Á	T	D	R	P	O	P	M	E	T
A	D	R	C	C	K	L	M	I	C	R	O	F	O	N	E
R	A	O	M	L	A	C	I	S	U	M	V	O	C	A	L
M	L	T	U	Ô	U	N	D	D	I	H	E	R	Q	O	O
O	A	N	B	H	N	V	T	A	C	T	X	I	N	Q	K
N	B	A	L	P	Z	I	O	A	A	Ç	G	T	G	G	K
I	D	C	Á	U	C	Ç	C	A	R	V	N	M	W	V	H
A	I	D	O	L	E	M	B	O	E	E	W	O	N	G	Z
R	I	M	P	R	O	V	I	S	A	R	A	M	E	G	U

HARMONIA
HARMÔNICO
ÁLBUM
BALADA
CANTOR
CANTAR
CLÁSSICO
CORO
GRAVAÇÃO
IMPROVISAR
MELODIA
MICROFONE
MUSICAL
MÚSICO
ÓPERA
POÉTICO
RITMO
TEMPO
VOCAL

55 - Enfermedad

H	E	K	P	C	I	C	U	N	B	S	S	G	S	R	R
E	D	S	A	Ç	M	N	K	R	V	A	O	E	Í	P	E
R	A	B	M	O	L	B	F	E	O	Ú	S	V	N	W	S
E	D	J	F	C	A	I	A	L	G	D	O	D	D	Z	P
D	I	Q	R	I	T	B	L	A	A	E	I	X	R	R	I
I	N	W	A	T	B	I	E	N	C	M	G	N	O	K	R
T	U	C	C	É	F	T	R	I	I	D	A	T	M	Y	A
Á	M	C	O	N	H	A	G	M	N	M	T	Ç	E	D	T
R	I	T	Ç	E	E	U	I	O	Ô	S	N	D	Ã	N	Ó
I	H	U	C	G	C	O	A	D	R	A	O	W	S	O	R
O	Ã	Ç	A	R	O	C	S	B	C	G	C	Ç	D	P	I
Z	B	A	G	A	Q	O	O	A	J	U	L	N	Y	R	O
Q	G	F	L	J	Q	Ç	S	B	S	D	H	I	W	O	F
Ç	R	G	Z	A	N	V	S	H	S	O	B	J	X	C	A
Z	V	D	V	H	M	E	O	P	U	L	M	O	N	A	R
N	E	U	R	O	P	A	T	I	A	I	P	A	R	E	T

ABDOMINAL
AGUDO
ALERGIAS
CONTAGIOSO
CORAÇÃO
CRÔNICA
CORPO
FRACO
GENÉTICO
HEREDITÁRIO
OSSOS
INFLAMAÇÃO
IMUNIDADE
LOMBAR
NEUROPATIA
PULMONAR
RESPIRATÓRIO
SAÚDE
SÍNDROME
TERAPIA

56 - Verduras

B	J	S	X	U	F	E	O	A	C	F	B	S	L	U	C
B	E	R	F	A	N	I	P	S	E	E	Ç	Ç	B	G	E
K	A	R	V	K	A	B	E	A	S	I	B	T	M	Z	N
T	R	F	I	L	B	Ç	A	V	I	W	Y	O	R	N	O
O	F	G	A	N	J	B	O	I	L	P	K	C	L	G	U
O	O	A	E	S	G	K	J	L	O	G	O	O	O	A	R
F	H	O	N	I	P	E	P	O	C	E	H	G	V	S	A
U	C	G	G	U	K	U	L	K	Ó	N	L	U	Y	N	A
R	A	B	A	N	E	T	E	A	R	G	A	M	U	K	B
Z	C	W	D	S	I	Ç	E	H	B	I	T	E	N	I	Ó
N	L	E	A	L	M	Ç	Z	L	C	B	A	L	L	S	B
B	A	S	L	A	S	N	W	I	L	R	T	O	F	Q	O
T	O	M	A	T	E	A	O	V	M	E	A	B	F	Z	R
H	P	H	S	B	A	B	E	R	Z	Z	B	I	Z	R	A
L	N	A	H	F	N	O	C	E	P	V	T	Z	C	R	V
R	M	D	B	S	M	C	U	S	Z	F	U	N	R	T	B

ALHO
ALCACHOFRA
AIPO
BERINGELA
BRÓCOLIS
ABÓBORA
CEBOLA
SALADA
ESPINAFRE
ERVILHA

GENGIBRE
NABO
OLIVA
BATATA
PEPINO
SALSA
RABANETE
COGUMELO
TOMATE
CENOURA

57 - Instrumentos Musicales

P	F	S	C	B	W	O	Ç	Ç	O	T	Q	O	L	M	R
H	A	T	I	A	G	X	H	D	B	D	A	W	G	Z	X
W	G	X	W	A	C	U	L	J	O	J	M	M	X	M	X
R	O	K	E	T	N	M	H	O	É	U	A	B	B	J	G
O	T	N	K	U	H	Ç	E	E	M	S	R	A	U	O	C
S	E	S	I	A	W	Ç	G	R	N	W	I	N	H	Ã	R
Z	T	K	P	L	J	D	L	Y	Z	O	M	J	G	S	P
S	A	X	O	F	O	N	E	W	S	Ç	B	O	W	S	V
D	Ç	Q	G	C	R	I	U	Ç	D	A	A	M	Q	U	J
U	M	S	N	R	I	J	V	W	N	Y	U	Z	O	C	H
P	B	F	O	E	E	H	A	R	P	A	Ç	Ç	Z	R	C
X	U	T	G	H	D	V	I	O	L	Ã	O	X	P	E	T
I	O	L	E	C	N	O	L	O	I	V	J	Z	K	P	D
Q	W	L	A	R	A	D	L	C	A	O	J	S	X	C	Ç
P	I	A	N	O	P	B	A	N	D	O	L	I	M	Q	Z
T	R	O	M	P	E	T	E	T	E	N	I	R	A	L	C

GAITA
HARPA
BANJO
CLARINETE
FAGOTE
FLAUTA
GONGO
VIOLÃO
BANDOLIM
MARIMBA

OBOÉ
PANDEIRO
PERCUSSÃO
PIANO
SAXOFONE
TAMBOR
TROMBONE
TROMPETE
VIOLINO
VIOLONCELO

58 - Flores

I	F	S	C	L	P	M	B	D	M	F	B	Z	S	H	Ç
P	Q	I	O	I	E	A	X	E	T	O	Y	H	B	Y	K
G	D	U	L	L	Ô	G	F	N	U	Z	Z	F	G	R	P
S	A	B	B	Á	N	N	M	T	L	V	Ç	D	V	E	D
Q	E	R	Ç	S	I	Ó	I	E	I	G	L	B	S	V	K
R	D	B	D	C	A	L	M	D	P	J	R	L	V	X	N
N	Í	Ç	U	Ê	O	I	S	E	A	Ç	T	V	W	W	E
A	U	E	X	Q	N	A	A	L	U	D	N	Ê	L	A	C
R	Q	A	M	C	U	I	J	E	O	C	S	I	B	I	H
C	R	M	C	Q	L	Ê	A	Ã	V	S	H	V	L	J	M
I	O	G	E	S	F	N	S	O	E	O	S	Q	Q	T	U
S	A	X	A	X	G	V	O	I	R	Í	L	A	T	K	G
O	O	M	T	Ç	Q	Z	R	D	T	A	Z	K	R	X	Y
L	A	V	A	N	D	A	L	A	T	É	P	N	X	I	E
M	A	R	G	A	R	I	D	A	L	U	O	P	A	P	G
F	P	S	O	J	S	N	P	F	P	C	R	M	R	M	N

PAPOULA
CALÊNDULA
DENTE-DE-LEÃO
GARDÊNIA
GIRASSOL
HIBISCO
JASMIM
LAVANDA
LILÁS
LÍRIO

MAGNÓLIA
MARGARIDA
NARCISO
ORQUÍDEA
PEÔNIA
PÉTALA
BUQUÊ
ROSA
TREVO
TULIPA

59 - Astronomía

G	S	D	S	M	R	W	P	T	V	N	K	Z	B	Ç	Z
D	Z	D	W	U	Z	A	U	L	I	X	C	W	Y	A	Y
Q	I	X	Q	N	P	J	D	N	A	I	X	Á	L	A	G
M	E	T	E	O	R	O	E	I	K	N	H	G	T	F	J
A	D	N	O	O	C	V	B	Q	A	T	E	V	W	O	P
S	I	B	I	Ã	B	Z	M	U	U	Ç	M	T	Q	G	X
T	Ó	P	P	Ç	M	J	C	K	É	I	Ã	D	A	U	A
R	R	J	Ó	A	I	N	S	K	C	N	N	O	C	E	A
Ô	E	E	C	L	I	P	S	E	S	Q	D	Ó	P	T	Q
N	T	Z	S	E	O	B	O	B	I	H	T	M	C	E	I
O	S	J	E	T	H	A	M	Z	S	H	O	T	X	I	G
M	A	D	L	S	C	S	S	F	U	G	Y	Y	J	X	O
O	R	D	E	N	R	J	O	S	A	T	É	L	I	T	E
Y	R	A	T	O	V	W	C	U	N	I	V	E	R	S	O
R	E	F	D	C	S	U	P	E	R	N	O	V	A	P	V
U	T	O	B	S	E	R	V	A	T	Ó	R	I	O	L	Ç

ASTERÓIDE
ASTRÔNOMO
CÉU
FOGUETE
CONSTELAÇÃO
COSMOS
ECLIPSE
EQUINÓCIO
GALÁXIA
LUA
METEORO
OBSERVATÓRIO
PLANETA
RADIAÇÃO
SATÉLITE
SUPERNOVA
TELESCÓPIO
TERRA
UNIVERSO

60 - Tiempo

O	X	L	A	R	E	L	Ó	G	I	O	J	D	Q	G	S
O	T	U	N	I	M	D	O	Q	B	T	N	É	F	L	É
H	Z	N	O	A	D	W	Z	R	U	N	L	C	U	I	C
M	A	N	H	Ã	T	O	N	R	B	E	A	A	T	N	U
G	X	J	S	Y	A	G	I	O	N	M	X	D	U	I	L
S	I	N	F	A	M	F	Ç	E	J	O	H	A	R	N	O
B	P	Z	Q	O	A	B	S	Ê	M	M	R	P	O	C	A
N	L	A	F	B	N	M	J	J	M	M	O	R	A	M	Y
E	X	V	N	O	P	T	T	T	D	I	A	R	O	G	A
Z	P	E	A	W	K	S	E	T	I	O	N	U	S	U	O
T	W	F	N	U	B	X	D	M	U	A	A	O	T	X	A
C	A	L	E	N	D	Á	R	I	O	Z	M	H	C	Z	I
K	W	P	O	N	R	G	C	H	H	U	E	S	B	U	H
E	I	R	R	R	Ç	J	V	P	T	P	S	E	T	N	A
C	R	A	E	M	P	A	L	F	L	F	Ç	R	W	I	J
V	H	O	R	A	S	Y	L	S	N	V	B	G	C	X	C

AGORA
ANTES
ANUAL
ANO
ONTEM
CALENDÁRIO
DÉCADA
DIA
FUTURO
HORA
HOJE
MANHÃ
MEIO-DIA
MÊS
MINUTO
MOMENTO
NOITE
RELÓGIO
SEMANA
SÉCULO

61 - Paisajes

D	H	O	I	R	P	R	L	G	D	V	P	B	Ç	O	D
M	M	Ç	Á	L	K	G	F	E	T	A	K	O	V	N	E
R	V	N	E	S	A	O	G	A	L	A	H	L	I	M	S
F	X	V	M	Ç	I	A	L	S	X	H	E	G	J	X	E
M	W	A	E	A	A	S	W	T	U	N	D	R	A	P	R
S	J	L	O	L	R	N	I	A	Ç	A	N	E	T	Â	T
U	R	E	D	U	P	U	K	M	V	T	E	B	A	N	O
T	F	V	S	S	U	G	X	M	T	N	W	E	C	T	D
R	E	R	X	N	I	U	L	G	X	O	T	C	S	A	X
M	D	X	G	Í	R	I	T	Q	U	M	G	I	A	N	Ç
I	O	U	E	N	E	S	T	U	Á	R	I	O	C	O	Ç
X	H	E	Y	E	K	L	F	V	M	D	Q	I	V	M	H
T	Y	L	S	P	Z	P	A	N	R	E	V	A	C	V	M
L	Y	F	E	M	Ç	F	O	G	N	P	H	N	B	U	P
P	I	A	R	I	E	L	E	G	O	V	U	L	C	Ã	O
C	H	A	W	S	I	M	U	M	X	R	B	F	V	X	F

CASCATA
CAVERNA
DESERTO
ESTUÁRIO
GEYSER
GELEIRA
ICEBERG
ILHA
LAGO
LAGOA
MAR
MONTANHA
OÁSIS
PÂNTANO
PENÍNSULA
PRAIA
RIO
TUNDRA
VALE
VULCÃO

62 - Días y Meses

Q	T	R	H	N	A	T	M	J	F	F	Q	B	X	S	W
M	U	L	B	B	R	G	C	A	E	N	U	A	Ç	E	I
M	B	I	E	O	I	P	V	N	V	F	A	B	P	X	E
O	S	T	N	O	E	P	O	E	E	V	R	R	B	T	D
C	A	Ç	H	T	F	J	R	I	R	F	T	I	U	A	C
J	W	D	J	S	A	O	B	R	E	Z	A	L	T	F	D
U	D	U	U	O	D	F	M	O	I	H	F	T	S	E	O
Q	T	P	N	G	N	E	E	M	R	Y	E	J	E	I	R
J	R	C	H	A	U	B	T	I	O	Y	I	U	M	R	B
N	A	S	O	H	G	N	E	A	R	E	R	L	A	A	M
Q	B	Ê	Á	Ç	E	S	S	V	N	A	A	H	N	Y	E
X	O	M	K	B	S	O	G	V	E	O	B	O	A	Q	V
J	L	X	P	E	A	C	A	L	E	N	D	Á	R	I	O
U	P	N	G	E	M	D	T	E	R	Ç	A	Y	U	K	N
O	U	T	U	B	R	O	O	G	N	I	M	O	D	B	O
A	U	Y	Q	N	E	V	K	W	C	K	M	W	N	R	C

ABRIL
AGOSTO
ANO
CALENDÁRIO
DOMINGO
JANEIRO
FEVEREIRO
QUINTA-FEIRA
JULHO
JUNHO
SEGUNDA-FEIRA
TERÇA
MÊS
QUARTA-FEIRA
NOVEMBRO
OUTUBRO
SÁBADO
SEMANA
SETEMBRO
SEXTA-FEIRA

63 - Biología

B	E	S	O	M	S	O	G	N	D	A	O	F	P	J	E
L	A	N	I	X	P	P	Q	E	W	C	O	J	R	H	V
U	M	C	Z	R	H	D	L	U	Q	H	C	F	O	N	O
S	O	D	T	I	A	G	D	R	W	Q	B	Q	T	Q	L
I	S	B	G	É	M	E	B	Ô	P	Q	U	Q	E	H	U
M	S	D	E	Ç	R	A	J	N	N	W	V	B	Í	B	Ç
B	O	O	N	V	P	I	N	I	V	Y	E	P	N	E	Ã
I	M	R	I	E	V	O	A	O	Y	T	O	Ç	A	M	O
O	O	E	F	T	S	J	N	S	P	F	Y	A	I	B	Ã
S	R	F	O	T	O	S	S	Í	N	T	E	S	E	R	Ç
E	C	Í	J	B	J	N	A	T	U	R	A	L	Z	I	A
Z	T	M	T	S	I	N	A	P	S	E	T	Ç	U	Ã	T
J	Ç	A	I	M	O	T	A	N	A	L	E	G	A	O	U
F	S	M	U	C	D	D	V	I	N	E	R	V	O	J	M
R	É	P	T	I	L	C	O	L	A	G	É	N	I	O	Q
H	O	R	M	O	N	A	L	U	L	É	C	G	M	L	A

ANATOMIA
BACTÉRIAS
CÉLULA
COLAGÉNIO
CROMOSSOMA
EMBRIÃO
ENZIMA
EVOLUÇÃO
FOTOSSÍNTESE
HORMONA
MAMÍFERO
MUTAÇÃO
NATURAL
NERVO
NEURÔNIO
OSMOSE
PROTEÍNA
RÉPTIL
SIMBIOSE
SINAPSE

64 - Jardinería

D	K	Q	N	M	T	C	E	C	R	E	O	F	S	J	G
S	Ç	U	S	O	L	O	O	E	R	Z	C	L	U	F	E
S	A	Z	O	N	A	L	C	M	A	K	I	O	J	K	S
R	B	U	Q	U	Ê	Q	I	E	E	X	N	R	E	Z	P
O	E	U	J	D	M	Q	T	G	C	S	Â	A	I	S	É
L	Y	C	M	F	X	U	Ó	A	O	E	T	L	R	A	C
F	C	I	I	I	T	Q	X	H	M	T	O	Í	A	R	I
Q	M	A	Ç	P	D	C	E	L	P	N	B	C	V	I	E
F	X	Z	D	V	I	A	B	O	O	E	I	L	P	E	S
G	L	I	S	E	T	E	D	F	S	M	I	I	Z	U	L
U	W	W	N	R	W	C	N	E	T	E	X	M	X	G	X
F	O	L	H	A	U	G	Á	T	O	S	M	A	G	N	V
S	B	Ç	Y	M	L	U	V	A	E	A	O	A	R	A	X
C	N	P	Z	O	E	A	A	Y	E	D	O	V	V	M	N
S	Y	Q	O	P	Q	E	Y	F	X	Y	V	T	Ç	K	I
Z	P	Q	Ç	J	H	Q	Ç	I	J	C	G	D	N	Z	I

ÁGUA
BOTÂNICO
CLIMA
COMESTÍVEL
COMPOSTO
RECIPIENTE
ESPÉCIES
SAZONAL
EXÓTICO
FLOR

FLORAL
FOLHAGEM
FOLHA
POMAR
UMIDADE
MANGUEIRA
BUQUÊ
SEMENTES
SUJEIRA
SOLO

65 - Chocolate

F	U	G	H	Z	J	H	I	K	P	G	I	N	R	A	T
P	L	C	C	T	P	I	X	B	B	X	S	A	B	O	R
B	E	T	N	A	D	I	X	O	I	T	N	A	N	K	P
C	A	C	A	U	L	V	M	W	W	J	A	M	Q	X	D
G	D	V	H	Z	U	O	L	E	M	A	R	A	C	Z	J
A	M	A	R	G	O	T	R	L	R	P	L	L	A	V	H
K	F	M	B	E	O	S	O	I	C	I	L	E	D	W	F
P	S	O	V	X	H	O	E	P	A	T	I	E	C	E	R
D	N	R	R	Ó	B	G	A	F	R	S	Z	T	R	V	K
D	I	A	D	T	E	D	A	D	I	L	A	U	Q	D	I
I	O	C	Q	I	Ç	A	Ç	H	X	W	X	W	T	Ç	T
Q	D	C	R	C	M	A	Ú	Ç	L	P	N	S	C	U	R
H	N	Q	E	O	X	O	C	O	C	Ó	R	J	Y	Z	X
G	E	U	X	Ç	R	L	A	N	A	S	E	T	R	A	G
G	M	S	S	O	T	I	R	O	V	A	F	M	H	K	K
M	A	I	N	G	R	E	D	I	E	N	T	E	O	X	G

AMARGO
ANTIOXIDANTE
AROMA
ARTESANAL
AÇÚCAR
AMENDOINS
CACAU
QUALIDADE
CALORIAS
CARAMELO
COCO
DELICIOSO
DOCE
EXÓTICO
FAVORITO
GOSTO
INGREDIENTE
PÓ
RECEITA
SABOR

66 - Barbacoas

X	A	Y	B	M	U	C	G	W	J	H	M	E	G	Q	C
Z	L	O	Ç	O	U	R	R	S	A	V	N	I	M	E	B
Q	O	N	S	L	I	I	E	L	N	J	K	V	Q	G	V
W	U	R	A	H	D	A	L	B	T	R	S	E	B	Ç	U
B	Z	E	L	O	O	N	H	L	A	G	N	R	A	S	Y
E	I	R	N	I	Z	Ç	A	Ç	R	B	D	Ã	L	A	N
B	E	Z	C	T	S	A	F	R	U	T	A	O	U	L	C
V	L	O	F	T	E	S	O	G	O	J	E	H	M	A	A
M	E	G	Ç	M	T	Q	O	R	S	L	F	W	F	D	F
Ú	G	N	L	O	A	I	L	Í	M	A	F	A	J	A	U
S	U	A	P	I	M	E	N	T	A	X	E	A	C	S	C
I	M	R	W	F	O	L	C	E	B	O	L	A	S	A	N
C	E	F	Z	O	T	K	A	D	A	M	A	G	K	V	S
A	S	N	B	M	M	X	N	W	T	V	C	P	T	P	U
J	G	T	F	E	V	Ç	W	A	I	S	V	B	Y	N	Q
C	J	O	B	J	P	J	W	L	H	C	B	F	T	F	K

ALMOÇO
QUENTE
CEBOLAS
JANTAR
FACAS
SALADAS
FAMÍLIA
FRUTA
FOME
JOGOS
MÚSICA
CRIANÇAS
GRELHA
PIMENTA
FRANGO
SAL
MOLHO
TOMATES
VERÃO
LEGUMES

67 - Ropa

F	V	Z	P	R	I	T	C	C	Y	M	L	C	Ç	G	R
M	E	I	A	S	V	Ç	A	A	M	O	U	H	J	U	Y
D	E	R	L	O	W	Z	L	S	F	D	V	A	W	B	D
A	V	E	N	T	A	L	Ç	A	U	A	A	P	O	W	O
S	X	T	D	N	M	S	A	C	Z	L	S	É	E	P	X
I	S	É	B	I	A	T	A	O	L	J	B	U	K	O	D
M	G	U	N	C	J	O	Ç	N	E	L	J	R	Y	W	U
A	C	S	Z	K	I	A	T	O	D	I	T	S	E	V	H
C	T	O	F	L	P	R	Q	C	Z	Á	V	J	U	R	F
S	A	P	A	T	O	I	W	U	D	L	L	A	Q	K	U
H	S	Ç	S	V	J	E	M	F	E	R	A	I	Z	S	Ç
U	D	Z	F	D	I	S	J	E	Q	T	R	X	A	B	R
D	J	Z	C	Ç	Q	L	Q	P	K	P	A	I	A	S	S
D	S	C	D	E	Ç	U	M	V	W	D	L	K	T	F	Ç
U	Q	X	N	S	X	P	F	Z	I	K	O	A	G	S	W
V	B	C	S	O	H	Ç	E	W	K	O	C	U	G	H	K

CASACO
BLUSA
LENÇO
MEIAS
CAMISA
JAQUETA
CINTO
COLAR
AVENTAL
SAIA

LUVAS
MODA
CALÇA
PIJAMA
PULSEIRA
SANDÁLIAS
CHAPÉU
SUÉTER
VESTIDO
SAPATO

68 - Meditación

M	E	N	T	E	P	L	W	Y	U	U	J	Ç	A	G	C
A	W	M	D	X	A	V	Z	C	N	S	E	N	C	R	O
C	D	D	E	Z	Z	B	U	D	B	U	M	A	E	A	M
Z	G	P	K	N	M	A	V	T	Z	E	O	T	I	T	P
Q	H	M	Z	V	T	C	T	I	U	U	Ç	U	T	I	A
B	E	V	Q	M	O	A	N	O	S	C	Õ	R	A	D	I
R	O	J	F	F	D	A	L	T	K	D	E	E	Ç	Ã	X
E	Ã	N	I	G	D	Z	I	A	A	Ç	S	Z	Ã	O	Ã
S	Ç	C	D	W	K	Ç	T	R	X	G	L	A	O	I	O
P	A	Ç	A	A	P	E	N	S	A	M	E	N	T	O	S
I	V	J	F	L	D	T	S	K	G	G	X	V	L	V	L
R	R	C	H	D	M	E	P	O	S	T	U	R	A	T	K
A	E	L	J	T	V	O	T	N	E	M	I	V	O	M	I
N	S	Q	P	E	R	S	P	E	C	T	I	V	A	F	Ç
D	B	M	Ú	S	I	C	A	O	C	L	A	R	E	Z	A
O	O	Ã	Ç	N	E	T	A	S	I	L	Ê	N	C	I	O

ACEITAÇÃO
ATENÇÃO
BONDADE
CALMO
CLAREZA
COMPAIXÃO
EMOÇÕES
GRATIDÃO
MENTAL
MENTE
MOVIMENTO
MÚSICA
NATUREZA
OBSERVAÇÃO
PAZ
PENSAMENTOS
PERSPECTIVA
POSTURA
RESPIRANDO
SILÊNCIO

69 - Café

A	L	Í	Q	U	I	D	O	T	E	R	P	N	H	S	Z
R	U	G	O	J	T	I	D	T	K	R	L	E	I	T	E
O	G	R	A	M	A	Y	A	E	W	G	N	Q	M	O	C
M	Z	Z	H	Y	J	R	S	Y	N	G	P	I	L	Z	D
A	J	G	X	R	Q	C	S	G	V	I	S	U	X	N	L
Ç	N	S	J	F	V	Y	A	Q	T	B	E	B	I	D	A
U	T	O	K	G	U	Ç	F	B	C	Y	M	Ã	T	P	N
Y	S	R	L	O	V	H	S	J	I	O	M	H	F	F	Í
I	Ç	I	E	B	S	A	B	O	R	M	P	N	C	I	E
X	Ç	G	U	O	J	D	U	J	I	N	W	A	R	L	F
G	Q	E	H	N	M	U	U	Ç	P	D	Ç	M	E	T	A
X	T	M	E	G	L	Á	L	M	K	L	P	Q	M	R	C
I	W	E	Y	N	C	U	G	Q	G	O	L	V	E	O	Ç
Ç	X	W	P	R	E	Ç	O	U	A	Ç	Ú	C	A	R	C
O	S	C	X	N	P	L	E	D	A	D	E	I	R	A	V
U	P	I	V	Z	R	H	G	T	A	S	K	R	O	N	Ç

ÁGUA
AMARGO
AROMA
ASSADO
AÇÚCAR
BEBIDA
CAFEÍNA
CREME
FILTRO
LEITE
LÍQUIDO
MANHÃ
MOER
PRETO
ORIGEM
PREÇO
SABOR
COPA
VARIEDADE

70 - Libros

S	E	X	X	E	C	N	A	M	O	R	M	I	U	U	C
E	D	A	D	I	L	A	U	D	A	N	N	G	P	B	T
H	U	M	O	R	A	D	O	X	P	O	G	Y	Z	F	N
D	C	D	C	É	M	R	Y	P	A	I	S	E	O	P	A
G	O	Z	I	S	E	K	U	D	L	R	Ç	M	Q	C	R
A	N	U	R	P	O	Ç	F	T	P	Á	G	I	N	A	R
U	T	E	Ó	R	P	Ç	G	Ç	N	R	C	F	O	I	A
T	E	O	T	E	E	B	O	Ã	Ç	E	L	O	C	R	D
O	X	H	S	A	S	L	H	D	Y	T	V	L	I	Ó	O
R	T	U	I	G	X	C	E	T	H	I	B	A	G	T	R
Y	O	L	H	A	X	I	R	V	S	L	B	I	Á	S	F
L	E	I	T	O	R	T	I	I	A	U	P	J	R	I	O
L	T	C	W	O	G	L	Y	Z	T	N	P	Y	T	H	Ç
A	J	C	L	Z	Z	H	X	U	Ç	O	T	B	O	Z	W
P	I	J	W	W	B	R	O	V	I	T	N	E	V	N	I
T	C	S	S	V	C	C	Ç	Ç	N	L	V	T	B	Ç	Ç

AUTOR
AVENTURA
COLEÇÃO
CONTEXTO
DUALIDADE
ESCRITO
HISTÓRIA
HISTÓRICO
HUMORADO
INVENTIVO
LEITOR
LITERÁRIO
NARRADOR
ROMANCE
PÁGINA
RELEVANTE
POEMA
POESIA
SÉRIE
TRÁGICO

71 - Los Medios de Comunicación

A	L	A	U	G	X	H	P	S	F	U	W	Z	I	R	I
P	T	Ç	Ç	Q	D	Z	V	K	G	S	F	E	N	E	N
J	Ú	I	T	S	O	F	Z	W	J	D	G	D	D	D	D
O	C	B	T	L	O	C	A	L	N	N	R	U	Ú	E	I
R	O	Q	L	U	O	P	I	N	I	Ã	O	C	S	U	V
N	M	R	A	I	D	O	N	L	I	N	E	A	T	F	I
A	U	K	T	A	C	E	W	W	W	L	P	Ç	R	O	D
I	N	S	I	C	F	O	S	O	T	A	F	Ã	I	T	U
S	I	S	G	H	H	Ã	Y	I	L	I	B	O	A	O	A
Ç	C	K	I	E	U	Ç	Y	D	E	C	E	T	K	S	L
O	A	K	D	J	V	I	J	Á	N	R	I	H	D	U	F
I	Ç	A	U	H	L	D	Ç	R	M	E	G	E	T	M	J
Z	Ã	X	Q	R	C	E	D	U	C	M	U	K	Y	Ç	K
U	O	Ã	S	I	V	E	L	E	T	O	R	Z	R	L	Y
L	C	U	O	T	N	E	M	A	I	C	N	A	N	I	F
U	L	I	N	T	E	L	E	C	T	U	A	L	C	J	M

ATITUDES
COMERCIAL
COMUNICAÇÃO
DIGITAL
EDIÇÃO
EDUCAÇÃO
ONLINE
FINANCIAMENTO
FOTOS
FATOS
INDIVIDUAL
INDÚSTRIA
INTELECTUAL
LOCAL
OPINIÃO
JORNAIS
PÚBLICO
RÁDIO
REDE
TELEVISÃO

72 - Nutrición

S	D	C	O	M	E	S	T	Í	V	E	L	O	G	S	C
A	A	I	J	K	S	X	O	C	E	R	E	A	L	A	A
N	Z	U	G	Ç	Ç	R	V	N	M	D	K	I	V	B	L
Í	V	I	D	E	D	A	D	I	L	A	U	Q	Q	O	O
E	R	F	N	Á	S	J	N	G	H	M	N	R	H	R	R
T	P	H	G	L	V	T	U	E	C	Y	P	Ç	W	V	I
O	S	E	P	S	S	E	Ã	B	T	D	S	N	S	J	A
R	N	H	C	K	O	H	L	O	M	Q	E	A	N	D	S
P	E	F	O	D	I	F	X	Z	Z	Z	C	T	Ú	Q	W
V	X	N	O	Ã	Ç	A	T	N	E	M	R	E	F	D	S
G	X	T	S	J	L	N	K	X	Q	M	H	I	R	H	E
G	O	D	A	R	B	I	L	I	U	Q	E	D	Ç	Q	T
X	S	I	F	T	X	X	V	I	T	A	M	I	N	A	U
V	A	M	A	R	G	O	A	P	E	T	I	T	E	N	Ç
V	H	Z	C	B	E	T	N	E	I	R	T	U	N	Q	R
M	R	P	C	A	R	B	O	I	D	R	A	T	O	S	H

AMARGO
APETITE
QUALIDADE
CALORIAS
CARBOIDRATOS
CEREAL
COMESTÍVEL
DIETA
DIGESTÃO
EQUILIBRADO
FERMENTAÇÃO
NUTRIENTE
PESO
PROTEÍNAS
SABOR
MOLHO
SAÚDE
SAUDÁVEL
TOXINA
VITAMINA

73 - Edificios

W	D	E	N	I	R	M	H	C	W	U	K	B	Q	Y	E
M	Z	U	Ç	K	U	Y	O	R	I	E	L	E	C	C	S
A	N	Q	B	O	P	N	S	S	K	K	F	W	E	Z	T
S	R	K	O	F	Q	I	P	O	N	M	O	S	W	S	Á
N	U	Y	A	D	A	X	I	A	B	M	E	M	M	A	D
Q	H	P	O	I	R	Ó	T	A	V	R	E	S	B	O	I
A	D	N	E	Z	A	F	A	C	I	R	B	Á	F	V	O
Q	Ç	M	A	R	K	Q	L	T	O	F	Y	I	Y	X	A
G	M	X	I	E	M	B	Q	B	O	H	T	L	M	E	L
Ç	X	Y	J	Z	H	E	O	U	A	R	S	S	H	S	B
C	A	S	T	E	L	O	R	J	R	V	R	F	O	C	E
K	M	E	A	G	P	M	T	C	J	I	K	E	T	O	R
I	E	U	E	D	I	E	A	Y	A	B	L	X	E	L	G
A	N	Y	S	S	D	Q	E	B	I	D	P	O	L	A	U
K	I	M	T	E	U	N	T	Y	R	Q	O	H	X	T	E
F	C	E	U	O	U	G	A	R	A	G	E	M	B	W	N

ALBERGUE
CASTELO
CINEMA
EMBAIXADA
ESCOLA
ESTÁDIO
FÁBRICA
GARAGEM
CELEIRO
FAZENDA
HOSPITAL
HOTEL
MUSEU
OBSERVATÓRIO
SUPERMERCADO
TEATRO
TORRE

74 - Océano

E	C	P	A	T	Y	D	Ç	Z	F	B	T	D	M	G	B
F	S	D	O	F	O	S	T	R	A	A	E	G	E	E	G
I	É	P	J	H	B	A	R	C	O	L	M	M	D	L	T
C	R	T	O	I	N	B	E	X	I	E	P	A	U	M	S
E	A	A	J	N	Ç	I	V	S	H	I	E	A	S	D	B
R	M	R	E	R	J	K	F	A	G	A	S	A	A	X	A
A	U	T	U	S	H	A	Y	L	F	G	T	I	L	U	W
M	T	A	G	F	L	I	P	A	O	K	A	Z	O	G	L
F	A	R	N	D	L	U	A	R	V	G	D	F	R	Z	A
N	T	U	A	U	A	G	F	O	L	R	E	C	V	X	E
G	A	G	R	H	L	N	M	C	O	Ã	R	A	B	U	T
Ç	U	A	A	P	O	E	M	F	P	Z	N	I	L	L	Y
E	L	N	C	C	A	M	A	R	Ã	O	A	C	V	K	H
U	Q	I	K	L	T	H	H	V	N	H	U	Y	L	Z	F
Z	O	D	W	H	Z	G	J	P	R	A	Z	L	E	O	W
Z	B	J	G	H	O	W	C	V	T	C	F	X	U	A	U

ALGA
ENGUIA
RECIFE
ATUM
BALEIA
BARCO
CAMARÃO
CARANGUEJO
CORAL
GOLFINHO
ESPONJA
MARÉS
MEDUSA
OSTRA
PEIXE
POLVO
SAL
TUBARÃO
TEMPESTADE
TARTARUGA

75 - Ciudad

T	O	I	I	D	Y	A	C	E	T	O	I	L	B	I	B
B	E	B	A	N	C	O	M	W	S	F	W	H	Ç	D	Z
D	V	A	I	R	A	R	V	I	L	C	Q	V	S	E	E
Q	E	C	T	A	G	E	H	G	X	K	O	Q	V	T	D
M	G	I	X	R	Z	E	H	I	J	B	X	L	T	N	A
M	H	N	J	E	O	D	A	C	R	E	M	X	A	A	D
I	H	Í	O	U	D	G	M	U	S	E	U	G	J	R	I
A	K	L	Y	O	D	A	C	R	E	M	R	E	P	U	S
I	E	C	O	L	W	L	E	T	O	H	Ç	O	T	A	R
R	N	R	T	G	H	E	T	U	Ç	L	S	T	P	T	E
A	P	F	O	X	W	R	N	A	A	Q	Ç	V	S	S	V
D	V	Y	H	P	T	I	Q	Z	B	D	E	T	R	E	I
A	J	O	L	U	O	A	M	E	N	I	C	U	C	R	N
P	T	K	D	I	G	R	F	A	R	M	Á	C	I	A	U
D	Q	Z	B	P	X	V	T	F	L	O	R	I	S	T	A
E	S	T	Á	D	I	O	T	O	A	L	Q	H	W	W	X

AEROPORTO
BANCO
BIBLIOTECA
CINEMA
CLÍNICA
ESCOLA
ESTÁDIO
FARMÁCIA
FLORISTA
GALERIA
HOTEL
LIVRARIA
MERCADO
MUSEU
PADARIA
RESTAURANTE
SUPERMERCADO
TEATRO
LOJA
UNIVERSIDADE

76 - Agronomía

S	P	P	G	Y	M	C	Y	D	O	E	N	Ç	A	S	I
I	R	L	A	R	U	R	K	A	C	D	G	S	U	K	D
S	O	A	U	E	B	I	N	G	I	F	U	U	G	O	E
T	D	N	O	O	J	O	P	R	N	E	B	T	Á	N	N
E	U	T	T	M	P	D	K	I	Â	R	U	Q	S	L	T
M	Ç	A	N	A	I	E	K	C	G	T	C	M	E	E	I
A	Ã	S	E	H	W	N	J	U	R	I	E	H	T	V	F
S	O	A	M	E	F	E	C	L	O	L	C	Q	N	Á	I
S	P	I	I	A	L	R	I	T	Ã	I	F	Ç	E	T	C
S	O	G	C	N	U	G	Ê	U	Ç	Z	V	T	M	N	A
E	R	O	S	Ã	O	I	N	R	I	A	Y	S	E	E	Ç
M	M	L	E	Z	Y	A	C	A	U	N	T	T	S	T	Ã
U	E	O	R	F	Ç	Q	I	F	L	T	K	S	R	S	O
G	L	C	C	D	E	U	A	O	O	E	H	T	Y	U	B
E	K	E	P	U	D	E	Ç	Z	P	N	X	D	P	S	V
L	G	Q	E	J	V	S	Ç	N	H	J	T	W	P	T	E

AGRICULTURA
ÁGUA
CIÊNCIA
POLUIÇÃO
CRESCIMENTO
ECOLOGIA
ENERGIA
DOENÇAS
EROSÃO
ESTUDO
FERTILIZANTE
IDENTIFICAÇÃO
ORGÂNICO
PLANTAS
PRODUÇÃO
RURAL
SEMENTES
SISTEMAS
SUSTENTÁVEL
LEGUMES

77 - Actividades y Ocio

V	O	Ã	Ç	A	T	A	N	N	D	V	X	A	L	R	Ç
B	I	U	G	N	R	M	C	S	W	E	Z	Q	N	E	V
Y	E	A	R	V	H	T	A	N	J	O	Ç	L	C	L	U
G	E	I	G	W	K	M	E	H	Q	H	O	Z	O	A	J
O	A	C	S	E	P	H	U	Q	Y	L	O	O	I	X	A
L	M	Q	Y	E	M	B	A	S	Q	U	E	T	E	A	R
F	F	L	M	F	B	H	Z	Y	I	G	C	N	S	N	D
E	A	D	I	R	R	O	C	V	R	R	R	E	Y	T	I
P	I	N	T	U	R	A	L	T	Ç	E	Q	M	V	E	N
O	P	M	C	S	T	Ê	N	I	S	M	N	A	M	D	A
K	H	O	B	B	I	E	S	L	M	J	V	P	C	W	G
B	O	X	E	T	Z	A	D	A	H	N	I	M	A	C	E
S	Z	F	R	J	C	K	E	R	N	M	M	A	Y	Z	M
H	O	I	F	U	T	E	B	O	L	C	U	C	Y	G	U
R	E	V	Z	E	U	Ç	I	M	C	N	U	A	R	O	U
V	O	L	E	I	B	O	L	L	J	V	N	I	B	Y	Y

HOBBIES
ARTE
BASQUETE
BEISEBOL
BOXE
MERGULHO
ACAMPAMENTO
CORRIDA
FUTEBOL
GOLFE
JARDINAGEM
NATAÇÃO
PESCA
PINTURA
RELAXANTE
CAMINHADA
SURFE
TÊNIS
VIAGEM
VOLEIBOL

78 - Ingeniería

E	D	A	D	I	D	N	U	F	O	R	P	I	R	E	E
N	I	C	R	K	W	R	L	D	A	Z	E	X	Z	S	S
E	Â	M	O	Ã	Ç	I	D	E	M	N	G	M	N	T	T
R	M	Á	D	N	U	D	X	P	K	P	A	I	X	A	R
G	E	Q	I	C	S	I	T	J	F	O	R	Ç	A	B	U
I	T	U	U	Á	M	T	B	Ç	D	Y	T	E	X	I	T
A	R	I	Q	L	U	S	R	A	T	R	I	T	O	L	U
F	O	N	Í	C	J	J	M	U	M	V	Ç	A	X	I	R
H	D	A	L	U	T	X	H	S	Ç	A	U	K	I	D	A
V	D	I	O	L	E	S	E	I	D	Ã	R	Q	E	A	I
N	O	G	R	O	T	O	M	F	B	Z	O	G	H	D	U
A	L	A	V	A	N	C	A	S	M	R	Ç	G	A	E	D
R	C	U	H	O	Ã	Ç	I	U	B	I	R	T	S	I	D
E	Ç	T	D	W	A	Â	N	G	U	L	O	F	G	P	D
P	R	O	P	U	L	S	Ã	O	F	C	Q	W	I	O	Q
R	O	D	Y	Ç	M	X	N	K	Q	G	P	T	O	M	Z

ÂNGULO
CÁLCULO
CONSTRUÇÃO
DIAGRAMA
DIÂMETRO
DIESEL
DISTRIBUIÇÃO
EIXO
ENERGIA
ESTABILIDADE
ESTRUTURA
ATRITO
FORÇA
LÍQUIDO
MÁQUINA
MEDIÇÃO
MOTOR
ALAVANCAS
PROFUNDIDADE
PROPULSÃO

79 - Comida #1

B	U	W	V	P	O	N	L	O	P	U	J	N	N	L	L
O	E	J	V	S	C	A	R	E	P	M	Ç	E	Y	Z	J
X	P	K	J	J	V	B	D	Y	I	U	N	S	O	H	C
L	Ç	N	H	S	L	O	Ç	A	F	T	I	P	Q	O	E
A	P	C	U	Y	S	H	L	D	V	A	E	I	I	B	A
O	C	U	S	N	N	L	A	A	L	E	X	N	U	J	G
Ã	Y	K	X	E	K	A	Z	L	E	L	C	A	A	Y	X
C	Y	C	J	U	O	P	V	A	W	M	N	F	Ç	O	Y
I	A	B	K	J	O	O	R	S	D	Y	H	R	Ú	I	H
R	T	R	F	D	Ç	S	S	Q	L	O	X	E	C	O	S
E	N	Ç	N	S	S	H	A	L	E	N	A	C	A	I	G
J	E	L	H	E	Y	W	L	L	I	M	Ã	O	R	S	S
N	M	C	E	N	O	U	R	A	O	D	G	D	A	C	X
A	Ç	S	C	B	W	C	E	B	O	L	A	D	E	T	T
M	O	R	A	N	G	O	B	K	U	V	W	X	W	L	M
M	L	X	Y	S	A	U	S	I	O	Y	W	U	R	V	Y

ALHO
MANJERICÃO
ATUM
AÇÚCAR
CANELA
CARNE
CEVADA
CEBOLA
SALADA
ESPINAFRE

MORANGO
SUCO
LEITE
LIMÃO
MENTA
NABO
PERA
SAL
SOPA
CENOURA

80 - Antigüedades

W	D	O	I	G	V	H	I	O	Ç	S	T	D	U	U	G
M	É	N	N	A	E	L	E	G	A	N	T	E	L	Ç	Y
M	C	E	C	L	H	Z	X	Y	Ç	M	F	T	E	E	H
O	A	Y	O	E	M	O	B	I	L	I	Á	R	I	O	Ç
E	D	H	M	R	E	C	Ç	W	Q	X	I	O	W	L	R
D	A	J	U	I	U	I	C	E	T	T	K	L	J	U	E
A	S	Ç	M	A	C	T	M	O	R	D	H	A	D	C	S
S	A	R	T	E	T	N	G	H	N	P	Y	V	I	É	T
R	G	N	N	D	N	Ê	P	N	R	D	D	C	I	S	A
O	N	L	Z	A	R	T	I	G	K	H	I	U	A	K	U
X	S	F	T	D	J	U	L	K	L	Q	Y	Ç	E	X	R
L	D	O	V	I	T	A	R	O	C	E	D	U	Ã	S	A
E	S	T	I	L	O	V	E	L	H	O	I	C	R	O	Ç
Z	H	X	P	A	O	B	K	U	K	F	K	L	A	U	Ã
N	O	A	R	U	T	L	U	C	S	E	O	Z	Ã	J	O
B	G	M	X	Q	Y	C	N	V	D	S	Y	Ç	Z	O	S

ARTE
AUTÊNTICO
QUALIDADE
CONDIÇÃO
DECORATIVO
DÉCADAS
ELEGANTE
ESCULTURA
ESTILO
GALERIA
INCOMUM
MOEDAS
MOBILIÁRIO
PREÇO
RESTAURAÇÃO
SÉCULO
LEILÃO
VALOR
VELHO

81 - Literatura

A	M	F	C	W	H	S	Y	C	T	K	U	K	O	E	D
N	N	E	S	I	L	Á	N	A	I	D	É	G	A	R	T
C	F	A	T	B	J	K	Y	E	N	X	S	B	V	O	O
O	I	I	L	Á	D	K	K	I	C	S	L	D	I	P	J
N	C	F	O	O	F	A	P	A	U	T	O	R	B	Ç	K
C	Ç	A	I	Z	G	O	Ã	Ç	A	R	A	P	M	O	C
L	Ã	R	O	Ã	Ç	I	R	C	S	E	D	D	M	L	P
U	O	G	M	I	E	W	A	A	A	P	V	I	Z	I	O
S	G	O	T	I	Y	Z	T	S	D	O	J	Á	I	T	É
Ã	I	I	I	A	H	E	Z	Q	F	E	A	L	C	S	T
O	S	B	R	Y	J	Y	C	Q	S	M	P	O	J	E	I
T	E	M	A	T	O	D	E	N	A	A	U	G	L	V	C
N	A	R	R	A	D	O	R	P	A	Y	T	O	R	W	O
K	J	W	N	E	O	C	T	C	R	M	C	U	I	L	P
R	X	Ç	I	K	O	T	J	Z	U	J	O	H	M	V	N
T	A	C	V	T	V	U	V	K	R	X	B	R	A	M	K

ANALOGIA
ANÁLISE
ANEDOTA
AUTOR
BIOGRAFIA
COMPARAÇÃO
CONCLUSÃO
DESCRIÇÃO
DIÁLOGO
ESTILO
FICÇÃO
METÁFORA
NARRADOR
ROMANCE
POEMA
POÉTICO
RIMA
RITMO
TEMA
TRAGÉDIA

82 - Química

S	I	A	T	E	M	Z	X	K	W	B	C	O	H	H	B
C	A	T	K	O	L	O	I	N	Ê	G	O	R	D	I	H
A	A	L	I	L	P	Ã	L	Q	M	G	S	O	M	Q	J
T	R	Z	Ç	Ç	Y	Ç	S	É	K	Á	E	L	U	W	F
A	U	U	M	P	Ç	A	G	H	C	S	P	A	O	D	R
L	T	X	E	N	D	E	K	O	P	U	V	C	X	U	M
I	A	X	T	V	V	R	D	L	V	I	L	L	I	R	Q
S	R	L	Á	C	I	D	O	R	O	L	C	A	G	Z	L
A	E	K	C	N	U	C	L	E	A	R	F	I	É	P	Z
D	P	I	Y	A	Ç	A	B	V	L	L	L	T	N	O	Í
O	M	Ç	O	U	L	M	I	D	Í	B	B	H	I	W	B
R	E	H	G	V	Q	I	O	S	Q	E	F	S	O	V	F
R	T	R	Q	I	H	Z	N	T	U	U	X	Y	K	Z	H
E	L	É	T	R	O	N	I	O	I	K	U	N	N	C	A
Q	X	A	W	R	Z	E	J	E	D	G	K	G	N	W	N
M	I	K	Q	A	S	X	I	Q	O	N	O	B	R	A	C

ALCALINO
ÁCIDO
CALOR
CARBONO
CATALISADOR
CLORO
ELÉTRON
ENZIMA
GÁS
HIDROGÊNIO
ÍON
LÍQUIDO
METAIS
MOLÉCULA
NUCLEAR
OXIGÊNIO
PESO
REAÇÃO
SAL
TEMPERATURA

83 - Gobierno

C	A	E	P	L	F	A	I	C	A	R	C	O	M	E	D
W	I	C	O	N	S	T	I	T	U	I	Ç	Ã	O	S	I
L	N	V	P	Ã	N	R	W	V	U	C	R	Ç	G	T	S
S	A	H	I	N	S	Q	K	G	Ç	O	X	A	A	A	C
W	D	E	Q	L	B	S	J	C	X	W	X	N	Y	D	U
Q	A	R	W	J	W	G	U	Ç	H	R	K	Y	D	O	R
X	D	Y	E	U	T	C	A	C	I	T	Í	L	O	P	S
D	I	N	D	Ç	Z	K	H	F	S	Y	C	R	S	Q	O
Z	C	P	A	Ç	I	T	S	U	J	I	B	R	R	F	I
U	F	E	D	A	D	R	E	B	I	L	D	Y	P	V	Q
K	Q	A	L	F	R	W	I	N	A	C	I	O	N	A	L
Ç	Y	H	A	I	C	N	Ê	D	N	E	P	E	D	N	I
S	M	P	U	D	I	S	T	R	I	T	O	K	L	X	D
G	H	D	G	J	U	D	I	C	I	A	L	Y	X	F	H
D	U	O	I	L	Í	D	E	R	E	G	N	Ç	D	A	O
M	O	N	U	M	E	N	T	O	L	O	B	M	Í	S	B

CIDADANIA
CIVIL
CONSTITUIÇÃO
DEMOCRACIA
DISCURSO
DISCUSSÃO
DISTRITO
ESTADO
IGUALDADE
INDEPENDÊNCIA
JUDICIAL
JUSTIÇA
LEI
LIBERDADE
LÍDER
MONUMENTO
NACIONAL
NAÇÃO
POLÍTICA
SÍMBOLO

84 - Creatividad

H	X	N	O	F	F	A	L	X	X	X	Q	X	I	A	W
A	A	Q	X	K	L	L	Y	L	F	S	S	Z	M	U	D
R	G	B	H	I	Q	P	U	W	I	O	W	L	P	T	X
T	B	O	I	L	O	Ã	Ç	I	U	T	N	I	R	E	D
Í	F	F	F	L	J	S	J	P	D	N	R	E	E	N	R
S	Y	E	F	Y	I	Ç	T	U	N	E	A	M	S	T	A
T	K	L	I	U	H	D	F	U	H	M	Z	O	S	I	M
I	I	M	A	G	E	M	A	D	D	I	E	Ç	Ã	C	Á
C	Q	U	Q	O	A	I	L	D	P	T	R	Õ	O	I	T
O	Ã	S	S	E	R	P	X	E	E	N	A	E	E	D	I
U	E	S	E	N	S	A	Ç	Ã	O	E	L	S	W	A	C
I	M	A	G	I	N	A	Ç	Ã	O	S	C	E	C	D	O
E	S	P	O	N	T	Â	N	E	A	K	O	Õ	F	E	H
L	I	N	T	E	N	S	I	D	A	D	E	S	P	Q	X
I	N	V	E	N	T	I	V	O	B	N	J	I	S	P	F
I	N	S	P	I	R	A	Ç	Ã	O	Z	B	V	A	A	I

ARTÍSTICO
AUTENTICIDADE
CLAREZA
DRAMÁTICO
EMOÇÕES
ESPONTÂNEA
EXPRESSÃO
FLUIDEZ
HABILIDADE
IMAGEM
IMAGINAÇÃO
IMPRESSÃO
INSPIRAÇÃO
INTENSIDADE
INTUIÇÃO
INVENTIVO
SENSAÇÃO
SENTIMENTOS
VISÕES

85 - Filantropía

P	S	I	G	N	L	J	X	N	X	H	D	C	M	M	K
E	J	X	I	V	K	E	D	A	D	I	N	A	M	U	H
S	D	Y	H	C	R	I	A	N	Ç	A	S	R	M	P	G
S	I	Z	L	O	Ã	S	S	I	M	F	O	I	G	R	E
O	E	D	U	T	N	E	V	U	J	U	P	D	A	O	N
A	K	D	P	B	I	E	K	Q	R	N	U	A	E	G	E
S	J	R	A	O	D	I	S	I	J	D	R	D	D	R	R
E	W	J	V	D	E	A	X	T	R	O	G	E	A	A	O
O	B	J	E	T	I	V	O	S	I	S	Q	H	D	M	S
V	S	O	T	A	T	N	O	C	V	D	L	E	I	A	I
P	Ú	B	L	I	C	O	U	T	T	A	A	A	S	S	D
H	I	S	T	Ó	R	I	A	M	C	A	B	D	S	W	A
Q	B	J	Q	A	Y	S	C	O	O	Q	O	N	E	L	D
Z	S	W	T	G	Q	I	T	W	T	C	L	U	C	N	E
F	I	N	A	N	Ç	A	X	E	G	A	G	Q	E	Q	O
N	I	E	U	N	N	U	I	C	Ç	S	A	A	N	M	Z

CARIDADE
COMUNIDADE
CONTATOS
DOAR
FINANÇA
FUNDOS
GENEROSIDADE
PESSOAS
GLOBAL
GRUPOS
HISTÓRIA
HONESTIDADE
HUMANIDADE
JUVENTUDE
OBJETIVOS
MISSÃO
NECESSIDADE
CRIANÇAS
PROGRAMAS
PÚBLICO

86 - Clima

F	E	H	W	D	A	R	E	F	S	O	M	T	A	T	R
H	U	F	T	M	S	J	W	L	L	E	X	D	V	R	E
P	T	R	P	Z	I	T	T	P	U	É	C	S	E	O	L
J	H	S	A	L	R	O	X	T	K	Ç	D	A	N	P	Â
R	A	P	R	C	B	W	O	Ã	Ç	N	O	M	T	I	M
Q	R	C	S	T	Ã	R	C	M	G	M	R	I	O	C	P
N	U	V	E	M	E	O	E	A	N	R	I	L	O	A	A
T	T	J	C	G	B	M	S	I	G	W	E	C	K	L	G
O	A	Z	I	M	H	D	P	N	C	C	O	L	E	G	O
R	R	T	R	O	V	Ã	O	E	H	R	V	M	T	L	U
N	E	O	D	T	D	H	X	P	S	Z	E	C	S	P	V
A	P	T	X	J	R	I	O	O	J	T	N	Ç	O	F	B
D	M	G	G	N	T	A	N	L	H	G	A	T	N	K	Q
O	E	B	L	F	K	Y	I	A	C	R	S	D	K	Ç	V
S	T	Z	B	S	A	U	S	R	T	Y	J	J	E	L	X
I	N	U	N	D	A	Ç	Ã	O	J	X	N	G	K	C	F

ATMOSFERA
BRISA
CÉU
CLIMA
GELO
FURACÃO
INUNDAÇÃO
MONÇÃO
NEVOEIRO
NUVEM
POLAR
RELÂMPAGO
SECO
SECA
TEMPERATURA
TEMPESTADE
TORNADO
TROPICAL
TROVÃO
VENTO

87 - Comida #2

S	E	J	F	L	J	M	T	M	N	G	R	F	L	N	Y
P	W	G	L	C	E	R	E	J	A	V	U	C	W	R	P
M	E	R	B	I	G	N	E	G	D	T	Ç	I	E	E	N
M	T	A	R	F	O	H	C	A	C	L	A	A	J	R	M
T	A	Q	O	U	G	I	R	A	S	S	O	L	S	J	W
Z	M	Ç	Y	J	I	E	W	C	X	Ç	J	E	B	G	R
B	O	M	Ã	N	R	H	X	I	M	L	I	G	P	M	Ç
F	T	Y	T	Z	T	D	M	B	K	N	E	N	Ã	D	M
I	B	C	H	O	C	O	L	A	T	E	U	I	O	V	O
K	D	A	T	R	W	N	E	L	U	I	Q	R	G	K	M
Y	C	G	N	R	A	M	Ê	N	D	O	A	E	N	F	S
P	T	H	M	A	I	O	G	U	R	T	E	B	A	G	W
L	T	X	W	H	N	A	I	P	O	X	P	N	R	W	G
E	U	H	M	F	O	A	Y	R	P	J	O	N	F	E	X
U	R	O	U	S	M	S	A	Ç	A	U	A	I	L	J	H
O	F	A	H	F	S	Y	L	X	K	I	E	K	T	S	V

ALCACHOFRA
AMÊNDOA
AIPO
ARROZ
BERINGELA
CEREJA
CHOCOLATE
GIRASSOL
OVO
GENGIBRE
KIWI
MAÇÃ
PÃO
BANANA
FRANGO
QUEIJO
TOMATE
TRIGO
UVA
IOGURTE

88 - Arte

C	Ç	E	Z	B	J	M	R	I	S	O	E	S	C	L	C
Q	B	D	X	A	L	D	M	A	W	R	S	U	O	A	O
T	H	I	K	P	N	Q	O	Q	F	I	C	J	M	O	M
B	U	N	A	K	R	A	I	R	C	G	U	E	P	S	P
K	Y	F	L	Y	O	E	I	Q	L	I	L	I	L	S	O
J	X	S	A	G	D	V	S	K	P	N	T	T	E	E	S
F	I	G	U	R	A	V	D	S	H	A	U	O	X	P	I
S	Ç	A	S	I	R	V	O	P	Ã	L	R	V	O	O	Ç
B	R	Z	I	Ç	I	G	N	D	B	O	A	Q	E	E	Ã
A	Z	E	V	E	P	D	H	O	N	E	S	T	O	S	O
L	L	Q	S	P	S	P	I	N	T	U	R	A	S	I	L
C	K	I	F	G	N	D	S	I	M	P	L	E	S	A	O
H	U	M	O	R	I	R	E	T	R	A	T	A	R	D	B
S	U	R	R	E	A	L	I	S	M	O	B	Y	B	B	M
J	L	B	C	E	R	Â	M	I	C	A	M	R	F	T	Í
E	E	R	M	T	I	I	L	R	N	N	J	H	M	Q	S

CERÂMICA
COMPLEXO
COMPOSIÇÃO
CRIAR
ESCULTURA
EXPRESSÃO
FIGURA
HONESTO
HUMOR
INSPIRADO
ORIGINAL
PESSOAL
PINTURAS
POESIA
RETRATAR
SIMPLES
SÍMBOLO
SURREALISMO
SUJEITO
VISUAL

89 - Diplomacia

L	S	C	O	O	P	E	R	A	Ç	Ã	O	V	Q	W	C
Í	U	E	G	O	V	E	R	N	O	H	Q	T	J	I	K
N	W	D	G	Ç	F	K	D	N	A	X	B	C	Y	V	W
G	O	Ã	Ç	U	L	O	S	E	R	S	V	R	B	M	E
U	H	Q	O	I	R	Á	T	I	N	A	M	U	H	G	M
A	N	R	Z	W	R	A	S	O	L	U	Ç	Ã	O	Z	B
S	W	O	R	I	E	G	N	A	R	T	S	E	G	D	A
A	B	V	T	M	Ç	M	A	Ç	I	T	S	U	J	I	I
E	M	B	A	I	X	A	D	A	A	C	I	T	É	S	X
W	L	M	E	N	B	P	O	L	Í	T	I	C	A	C	A
D	I	P	L	O	M	Á	T	I	C	O	T	W	Q	U	D
C	O	N	S	U	L	T	O	R	F	P	E	Ç	L	S	O
E	M	C	O	N	F	L	I	T	O	L	I	M	B	S	R
I	N	T	E	G	R	I	D	A	D	E	T	T	A	Ã	F
Z	V	D	X	O	Q	E	D	A	D	I	N	U	M	O	C
T	H	A	Q	Ç	T	R	A	T	A	D	O	O	A	R	S

CONSULTOR
COMUNIDADE
CONFLITO
COOPERAÇÃO
DIPLOMÁTICO
DISCUSSÃO
EMBAIXADA
EMBAIXADOR
ESTRANGEIRO
ÉTICA
GOVERNO
HUMANITÁRIO
LÍNGUAS
INTEGRIDADE
JUSTIÇA
POLÍTICA
RESOLUÇÃO
SEGURANÇA
SOLUÇÃO
TRATADO

90 - Herboristería

R	D	C	J	A	Ç	W	L	M	E	N	T	A	S	Y	Ç
Z	V	O	J	H	R	Ç	X	F	Y	J	D	R	A	G	M
F	V	A	C	U	L	I	N	Á	R	I	O	X	L	I	G
Q	U	T	K	P	F	J	E	L	D	Z	T	V	S	Ç	C
Q	U	N	S	I	O	N	G	Z	X	U	I	C	A	X	O
F	M	A	C	A	R	O	M	Á	T	I	C	O	U	G	A
M	Q	L	L	H	Z	X	Q	T	E	W	J	D	V	Ç	Ç
U	L	P	H	I	O	Ã	C	I	R	E	J	N	A	M	A
M	F	Z	H	N	D	E	W	Ç	O	O	V	P	Q	L	F
B	I	K	D	L	D	A	R	I	B	R	L	F	J	A	R
A	L	E	C	R	I	M	D	M	A	D	V	F	A	V	Ã
X	R	A	L	W	Ç	X	R	E	S	N	E	S	R	A	O
M	A	N	J	E	R	O	N	A	P	E	R	A	D	N	H
I	N	G	R	E	D	I	E	N	T	E	D	J	I	D	Ç
G	T	G	O	R	N	N	J	Ç	Y	E	E	I	M	A	K
A	L	H	O	Ã	G	A	R	T	S	E	O	U	K	I	G

ALHO
MANJERICÃO
AROMÁTICO
AÇAFRÃO
QUALIDADE
CULINÁRIO
ENDRO
ESTRAGÃO
FLOR
FUNCHO
INGREDIENTE
JARDIM
LAVANDA
MANJERONA
MENTA
SALSA
PLANTA
ALECRIM
SABOR
VERDE

91 - Energía

O	F	G	B	X	M	E	N	T	R	O	P	I	A	S	K
Ç	Q	B	B	R	O	C	Z	C	A	T	X	W	E	A	R
G	R	I	J	U	T	Ç	Z	A	A	Z	R	B	C	P	Q
O	I	N	Ê	G	O	R	D	I	H	L	P	A	O	O	K
E	S	K	I	U	R	N	A	C	Z	Q	O	I	M	L	W
L	O	S	H	N	A	N	I	B	R	U	T	R	B	U	X
É	J	B	G	U	E	R	R	Q	K	Y	N	T	U	I	T
T	X	P	Ç	C	L	O	E	O	I	A	E	S	S	Ç	C
R	Ç	E	O	Y	C	P	T	N	J	K	V	Ú	T	Ã	F
I	Ç	V	Z	E	U	A	A	O	O	Q	F	D	Í	O	E
C	F	F	S	L	N	V	B	B	C	V	W	N	V	K	L
O	Q	O	K	J	O	Q	Q	R	M	V	Á	I	E	E	É
R	Q	G	P	Y	T	E	H	A	Ç	H	F	V	L	B	T
B	N	Ç	T	H	Ó	I	E	C	M	T	X	A	E	A	R
E	I	O	I	C	F	D	I	E	S	E	L	B	I	L	O
U	Z	G	A	S	O	L	I	N	A	G	M	Z	B	G	N

BATERIA
CALOR
CARBONO
COMBUSTÍVEL
POLUIÇÃO
DIESEL
ELÉTRON
ELÉTRICO
ENTROPIA
FÓTON
GASOLINA
HIDROGÊNIO
INDÚSTRIA
MOTOR
NUCLEAR
RENOVÁVEL
SOL
TURBINA
VAPOR
VENTO

92 - Especias

F	G	H	Ç	J	G	P	R	Q	O	I	X	M	F	N	F
A	M	A	R	G	O	A	Ç	A	F	R	Ã	O	K	O	U
C	J	G	O	Z	D	H	R	H	A	P	V	D	W	Z	N
C	R	A	V	O	E	L	L	L	U	I	M	H	V	M	C
H	V	R	V	V	Z	I	I	A	R	M	T	N	E	O	H
L	I	G	T	O	A	Q	R	Y	L	E	C	O	D	S	O
K	G	F	E	H	M	W	A	K	M	N	S	A	L	C	I
J	Ç	N	Z	N	V	Q	C	U	G	T	F	K	D	A	D
P	N	X	I	I	G	Ç	Z	U	Ç	A	C	L	A	D	E
N	Á	P	C	M	D	I	W	I	P	K	A	Ç	I	A	Ç
N	C	P	U	O	B	P	B	J	G	C	A	N	E	L	A
F	U	W	R	C	L	Ç	Q	R	O	B	A	S	N	V	U
B	I	D	S	I	M	I	J	G	E	C	E	B	O	L	A
A	N	I	S	T	C	B	A	U	N	I	L	H	A	K	Z
R	A	F	V	N	G	A	I	O	U	R	P	T	C	L	F
L	R	Q	U	M	J	K	G	I	W	N	S	E	C	H	I

AZEDO
ALHO
AMARGO
ANIS
AÇAFRÃO
CANELA
CEBOLA
CRAVO
COMINHO
CARIL
DOCE
FUNCHO
GENGIBRE
NOZ-MOSCADA
PÁPRICA
PIMENTA
ALCAÇUZ
SABOR
SAL
BAUNILHA

93 - Universo

V	U	A	C	C	E	L	E	S	T	I	A	L	L	W	A
K	L	Y	U	F	A	T	M	O	S	F	E	R	A	G	S
S	O	L	S	T	Í	C	I	O	L	H	Q	S	T	V	T
A	S	T	R	O	N	O	M	I	A	U	L	V	I	Q	E
T	E	L	E	S	C	Ó	P	I	O	G	A	Q	B	O	R
A	S	T	R	Ô	N	O	M	O	M	W	R	T	R	C	Ó
A	H	R	O	D	A	U	Q	E	C	L	O	D	Ó	I	I
E	D	U	T	I	G	N	O	L	E	R	P	H	O	M	D
L	U	E	N	Q	R	H	Ç	A	T	R	E	V	A	S	E
X	A	W	A	L	F	É	J	X	N	A	C	D	I	Ó	U
I	U	T	U	Ç	B	B	F	J	O	L	É	E	X	C	L
M	Z	Y	I	J	S	P	P	S	Z	O	U	A	Á	L	B
K	I	C	E	T	I	B	Ç	Y	I	S	O	J	L	C	T
L	P	H	T	U	U	J	V	S	R	M	W	G	A	V	R
O	B	T	E	O	Z	D	D	F	O	I	E	Y	G	C	G
V	I	S	Í	V	E	L	E	B	H	Ç	H	H	H	N	Q

ASTERÓIDE
ASTRONOMIA
ASTRÔNOMO
ATMOSFERA
CELESTIAL
CÉU
CÓSMICO
EQUADOR
GALÁXIA
HEMISFÉRIO
HORIZONTE
LATITUDE
LONGITUDE
LUA
TREVAS
ÓRBITA
SOLAR
SOLSTÍCIO
TELESCÓPIO
VISÍVEL

94 - Jazz

I	J	U	N	E	X	M	N	C	C	F	Z	R	Ê	G	E
K	J	D	R	N	Ç	H	Ç	O	O	V	O	N	N	V	W
G	V	Q	L	W	Q	F	G	N	M	U	M	B	F	T	O
A	R	T	I	S	T	A	Z	C	P	U	X	Q	A	F	U
C	C	A	N	Ç	Ã	O	R	E	O	A	B	U	S	A	B
I	T	A	L	E	N	T	O	R	S	R	L	L	E	M	G
N	E	S	T	I	L	O	R	T	I	T	L	A	Á	O	H
C	A	Y	B	L	F	M	E	O	T	S	W	G	U	S	K
É	Z	I	I	C	P	T	N	H	O	E	N	N	L	O	A
T	I	U	R	P	O	I	Ê	L	R	U	W	D	L	H	M
L	F	C	X	E	P	R	G	E	R	Q	A	Z	B	X	Ú
W	T	M	Q	X	T	F	A	V	O	R	I	T	O	S	S
Z	V	I	O	Ã	Ç	A	S	I	V	O	R	P	M	I	I
U	J	J	J	O	T	M	B	B	O	W	V	H	F	B	C
N	B	M	D	O	K	H	C	T	J	L	S	L	O	U	A
C	O	M	P	O	S	I	Ç	Ã	O	E	W	H	C	B	R

ARTISTA
ÁLBUM
CANÇÃO
COMPOSIÇÃO
COMPOSITOR
CONCERTO
ESTILO
ÊNFASE
FAMOSO
FAVORITOS
GÊNERO
IMPROVISAÇÃO
MÚSICA
NOVO
ORQUESTRA
RITMO
TALENTO
BATERIA
TÉCNICA
VELHO

95 - Mediciones

J	N	M	R	C	B	D	S	K	H	G	M	M	D	O	G
B	I	S	J	Ç	T	Z	Q	Q	U	F	U	F	L	Y	R
E	C	N	A	D	A	L	E	N	O	T	G	U	J	D	A
P	Z	Q	L	I	C	A	R	U	T	L	A	Ç	B	J	U
E	O	R	T	E	M	Ô	L	I	U	Q	F	V	U	U	C
Q	R	L	E	D	A	D	I	D	N	U	F	O	R	P	E
V	T	P	E	O	T	N	E	M	I	R	P	M	O	C	N
V	I	N	E	G	Y	Q	D	L	M	R	Z	A	Ç	I	T
R	L	A	S	S	A	M	T	E	T	Y	B	R	M	Y	Í
R	O	W	Z	R	O	D	X	H	C	R	Z	U	E	I	M
O	N	Ç	A	O	X	E	A	T	P	I	E	G	T	Ç	E
Y	G	A	F	I	I	I	M	A	G	Q	M	R	R	I	T
Q	U	I	L	O	G	R	A	M	A	U	U	A	O	Y	R
O	O	H	E	S	R	D	R	P	I	Z	L	L	L	W	O
T	L	L	A	K	E	Z	G	R	V	D	O	Ç	Ç	R	M
W	N	P	Q	T	J	Z	K	R	M	U	V	U	G	Z	H

ALTURA
LARGURA
BYTE
CENTÍMETRO
DECIMAL
GRAU
GRAMA
QUILOGRAMA
QUILÔMETRO
LITRO
COMPRIMENTO
MASSA
METRO
MINUTO
ONÇA
PESO
PROFUNDIDADE
POLEGADA
TONELADA
VOLUME

96 - Barcos

C	T	Y	B	L	S	W	M	Q	I	T	Z	A	P	N	C
Ç	A	R	O	C	N	Â	A	R	R	L	R	S	L	J	O
A	T	F	I	K	N	Ç	S	N	I	M	C	L	G	K	R
C	K	R	Ç	P	E	U	T	B	V	O	G	A	L	I	D
I	W	X	U	X	U	F	R	O	T	O	M	B	F	O	A
B	Ó	I	A	T	Q	L	O	R	I	E	L	E	V	V	W
A	D	A	G	N	A	J	A	M	A	R	É	T	M	D	H
W	N	Á	U	T	I	C	O	Ç	Z	B	N	A	A	S	P
M	G	P	V	C	A	H	N	M	Ã	D	B	I	R	U	W
B	A	F	G	P	C	P	A	O	Z	O	E	P	I	Y	E
G	I	R	M	V	N	R	C	M	N	N	M	J	N	D	E
Ç	S	F	Í	Y	H	D	L	G	K	A	T	Ç	H	E	O
P	Q	P	Ç	T	A	G	A	J	V	E	A	C	E	B	V
M	A	R	P	Q	I	Q	L	L	P	C	Z	J	I	I	F
J	R	A	T	Q	N	M	M	J	G	O	T	F	R	T	S
K	B	C	Y	V	G	O	O	S	S	V	S	Q	O	J	F

ÂNCORA
JANGADA
BÓIA
CANOA
CORDA
BALSA
CAIAQUE
LAGO
MAR
MARÉ
MARINHEIRO
MARÍTIMO
MASTRO
MOTOR
NÁUTICO
OCEANO
RIO
TRIPULAÇÃO
VELEIRO
IATE

97 - Antártida

T	E	M	P	E	R	A	T	U	R	A	P	S	Ç	Q	C
O	S	O	H	C	O	R	P	I	N	G	U	I	N	S	O
Ã	T	I	L	G	D	P	T	Q	S	I	M	N	C	I	N
Ç	U	Y	E	E	A	E	O	Z	T	W	Z	X	I	A	T
A	E	C	R	O	G	N	P	M	E	R	Z	L	E	R	I
V	G	N	Y	G	I	Í	O	I	Y	C	F	O	N	E	N
R	Z	V	D	R	T	N	G	R	D	S	S	Ç	T	N	E
E	I	L	J	A	S	S	R	G	N	M	H	R	Í	I	N
S	X	X	N	F	E	U	A	E	O	P	O	W	F	M	T
N	M	P	M	I	V	L	F	L	B	A	Í	A	I	L	E
O	Á	N	E	A	N	A	I	E	H	M	D	V	C	D	N
C	Ç	G	C	D	I	B	A	I	A	W	U	C	O	H	H
Z	W	D	U	U	I	Q	N	R	N	U	V	E	N	S	D
K	K	D	U	A	J	Ç	W	A	N	L	R	Q	U	T	Ç
M	N	O	W	I	T	I	Ã	S	O	R	A	S	S	Á	P
I	L	H	A	S	L	H	Ç	O	Ã	Ç	A	R	G	I	M

ÁGUA
BAÍA
CIENTÍFICO
CONSERVAÇÃO
CONTINENTE
EXPEDIÇÃO
GEOGRAFIA
GELEIRAS
GELO
INVESTIGADOR
ILHAS
MIGRAÇÃO
MINERAIS
NUVENS
PÁSSAROS
PENÍNSULA
PINGUINS
ROCHOSO
TEMPERATURA
TOPOGRAFIA

98 - Mamíferos

O	C	Q	F	G	E	U	P	W	R	A	P	O	S	A	C
V	I	X	S	A	H	L	E	V	O	H	L	E	O	C	A
Q	Z	Ç	E	T	N	A	F	E	L	E	H	X	D	D	M
G	V	H	K	O	S	R	U	E	A	C	A	F	X	Ç	E
I	O	Z	I	P	A	B	J	F	V	V	O	I	J	Q	L
A	T	R	B	D	C	E	Ç	X	A	Z	W	I	W	C	O
O	Q	M	I	A	Ã	Z	G	O	C	B	Y	R	O	T	B
A	O	E	C	L	O	E	O	A	X	F	K	I	J	T	O
B	U	R	R	O	A	T	L	W	V	M	V	M	Ç	L	E
R	P	B	W	M	Z	C	F	B	X	A	P	H	U	X	U
G	T	F	Q	H	B	A	I	G	K	C	L	A	K	K	X
Z	I	A	X	O	Q	N	N	M	J	A	Ç	Y	G	S	D
L	K	R	J	O	C	G	H	Ç	V	C	C	P	B	P	P
A	L	M	A	O	R	U	O	T	Z	O	B	O	L	S	Y
R	O	Q	V	F	J	R	Z	A	R	R	N	D	M	U	L
C	U	D	W	A	A	U	B	A	L	E	I	A	J	C	Ç

BALEIA
BURRO
CAVALO
CAMELO
CANGURU
ZEBRA
COELHO
COIOTE
GOLFINHO
ELEFANTE
GATO
GORILA
GIRAFA
LOBO
MACACO
URSO
OVELHA
CÃO
TOURO
RAPOSA

99 - Abejas

S	E	P	Ç	I	O	F	K	M	Y	C	L	M	A	O	F
P	D	C	Ó	O	B	N	H	E	S	O	T	E	S	N	I
L	A	S	O	L	O	S	M	L	A	W	L	K	A	T	A
A	D	L	W	S	E	R	O	L	F	W	Ç	Y	S	H	L
N	I	R	H	Y	S	N	J	A	R	D	I	M	L	A	Q
T	S	E	A	G	E	I	O	V	O	D	Z	U	G	B	M
A	R	K	R	I	F	Q	S	Ç	L	T	Z	O	I	I	L
S	E	Z	E	I	N	J	A	T	F	R	U	T	A	T	O
M	V	A	C	I	U	H	Ç	B	E	F	X	K	Y	A	D
T	I	P	V	V	Q	E	A	Ç	A	M	U	F	C	T	U
N	D	B	E	N	É	F	I	C	O	X	A	T	O	Z	A
O	L	M	M	T	J	Ç	X	F	G	J	B	V	L	I	T
Y	C	F	A	S	D	B	W	P	Y	O	C	Y	M	G	L
O	C	C	X	N	G	A	Z	C	E	F	D	M	E	D	E
S	Ç	Ç	N	A	A	X	C	L	J	M	W	Q	I	I	I
L	W	B	E	G	W	P	O	O	P	L	S	I	A	O	U

ASAS
BENÉFICO
CERA
COLMEIA
DIVERSIDADE
ECOSSISTEMA
ENXAME
FLOR
FLORES
FRUTA
HABITAT
FUMAÇA
INSETO
JARDIM
MEL
PLANTAS
PÓLEN
RAINHA
SOL

100 - Psicología

P	C	E	D	P	T	E	R	A	P	I	A	I	C	C	C
E	Y	D	X	D	E	D	A	D	I	L	A	E	R	O	O
R	S	Y	R	S	I	N	D	S	P	C	Y	Ç	O	N	M
C	E	T	N	E	I	C	S	N	O	C	N	I	F	F	P
E	E	I	G	N	K	Y	D	A	J	N	S	F	P	L	R
P	Y	Ç	U	S	E	Õ	Ç	O	M	E	H	A	O	I	O
Ç	Y	I	M	A	S	G	B	W	P	E	E	O	D	T	M
Ã	S	Y	U	Ç	A	V	U	O	H	Q	N	H	S	O	I
O	D	G	C	Ã	V	I	O	H	A	Q	J	T	L	U	S
I	X	P	D	O	P	R	O	B	L	E	M	A	O	U	S
E	P	E	R	S	O	N	A	L	I	D	A	D	E	S	O
G	K	X	K	P	I	N	F	Â	N	C	I	A	X	O	X
O	Ã	Ç	A	I	L	A	V	A	C	L	Í	N	I	C	O
C	O	G	N	I	Ç	Ã	O	R	D	Q	S	H	J	J	Q
C	O	M	P	O	R	T	A	M	E	N	T	O	B	N	E
S	U	B	C	O	N	S	C	I	E	N	T	E	O	B	D

COMPROMISSO
CLÍNICO
COGNIÇÃO
COMPORTAMENTO
CONFLITO
EGO
EMOÇÕES
AVALIAÇÃO
INCONSCIENTE
INFÂNCIA
PENSAMENTOS
PERCEPÇÃO
PERSONALIDADE
PROBLEMA
REALIDADE
SENSAÇÃO
SUBCONSCIENTE
SONHOS
TERAPIA

1 - Arqueología

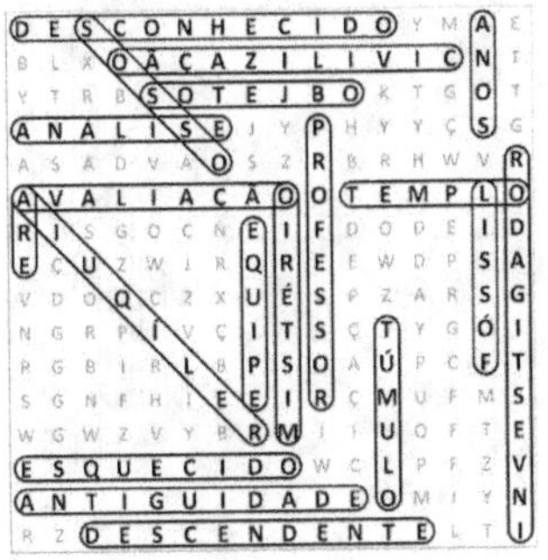

2 - Granja #2

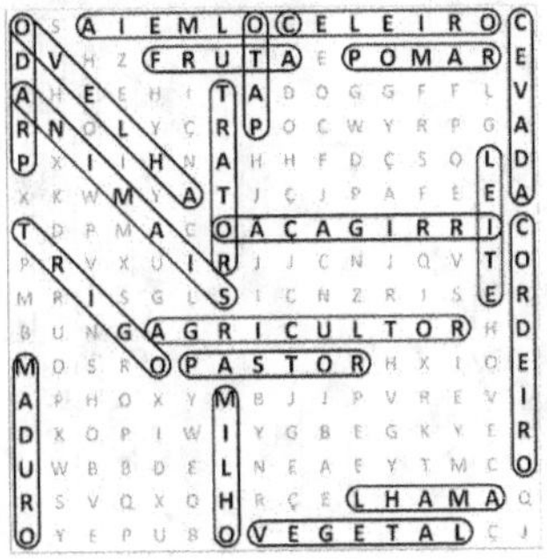

3 - La Empresa

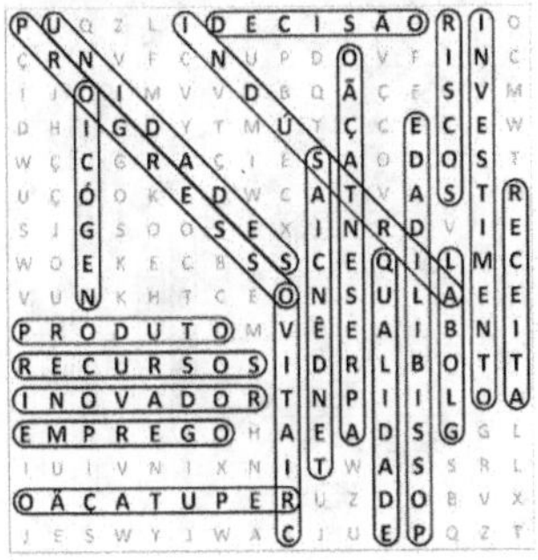

4 - Aviones

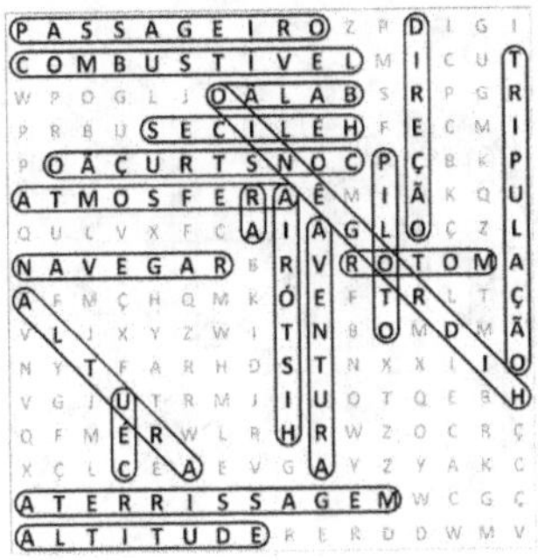

5 - Tipos de Cabello

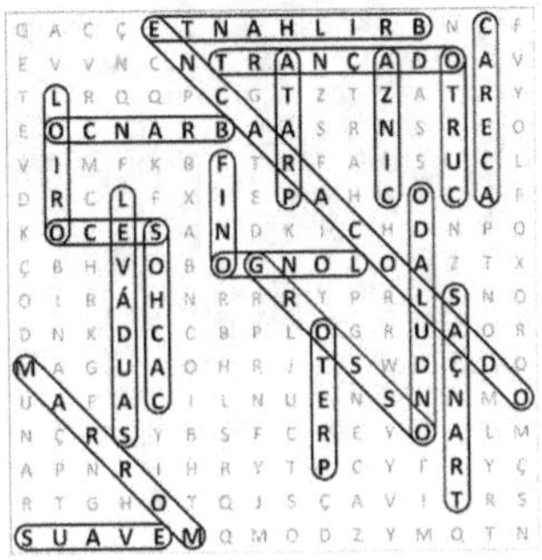

6 - Ética

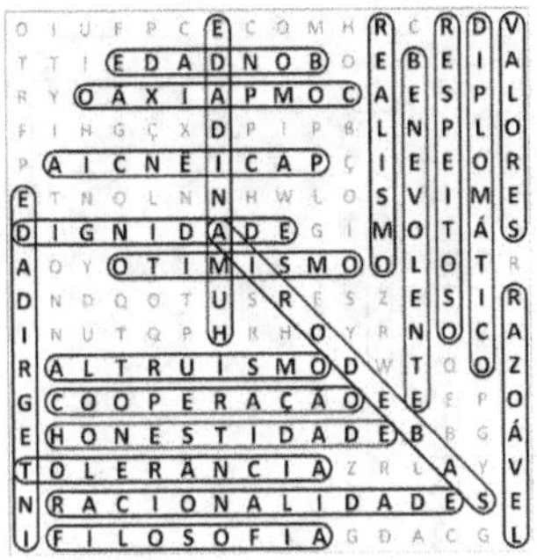

7 - Ciencia Ficción

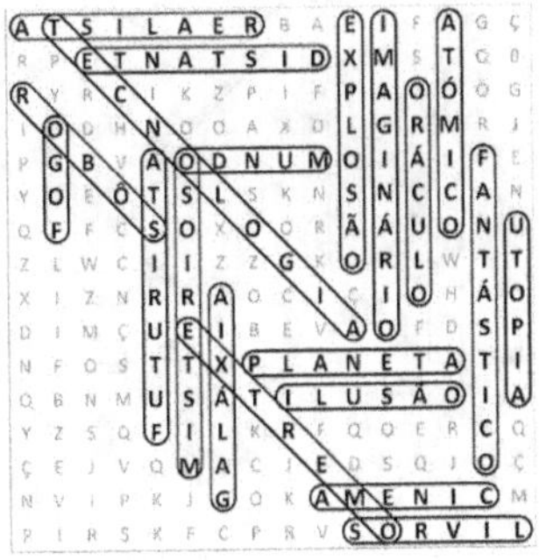

8 - Granja #1

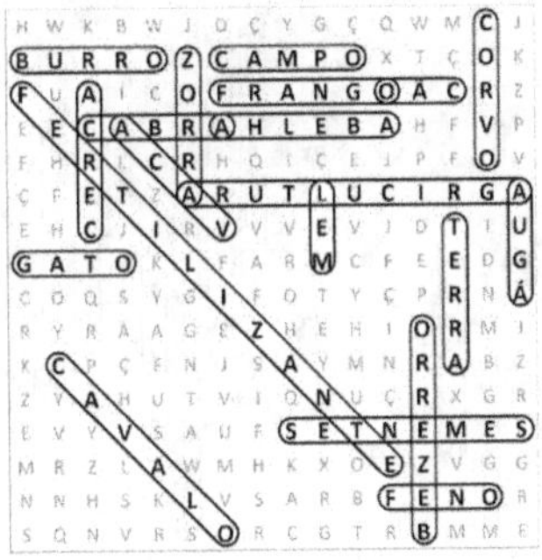

9 - Camping

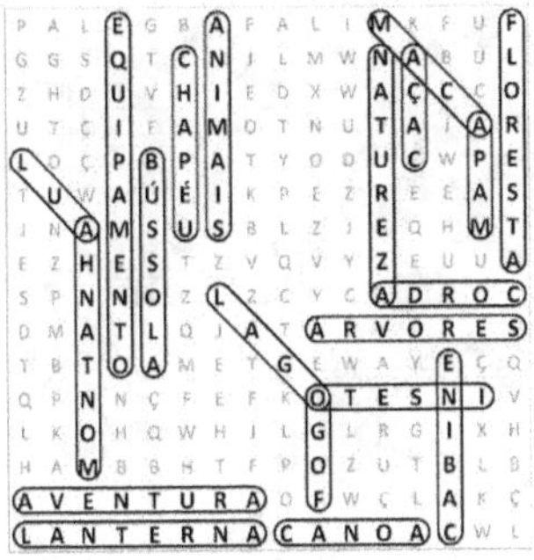

10 - Fruta

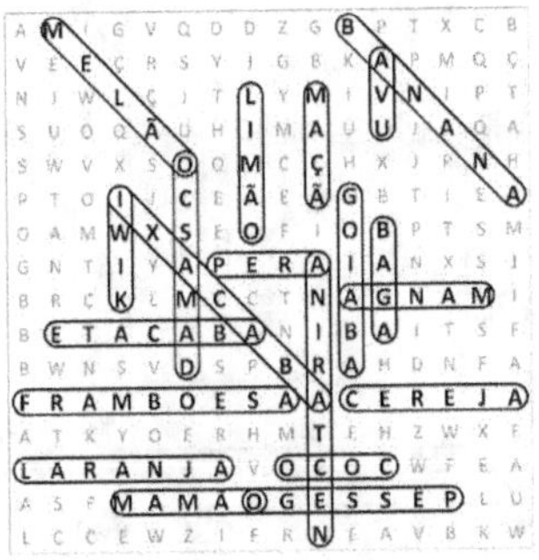

11 - Geología

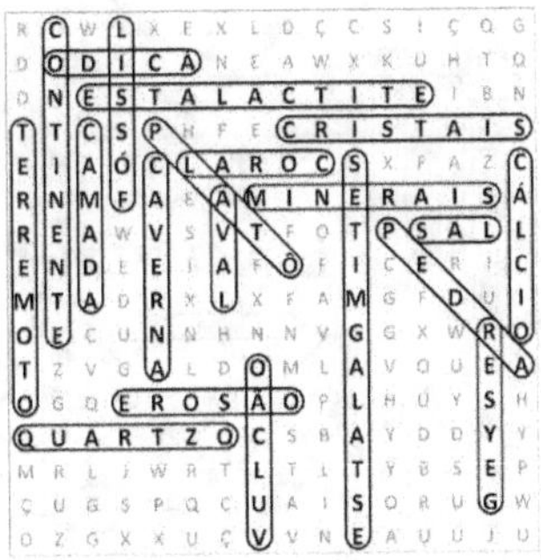

12 - Inmigración

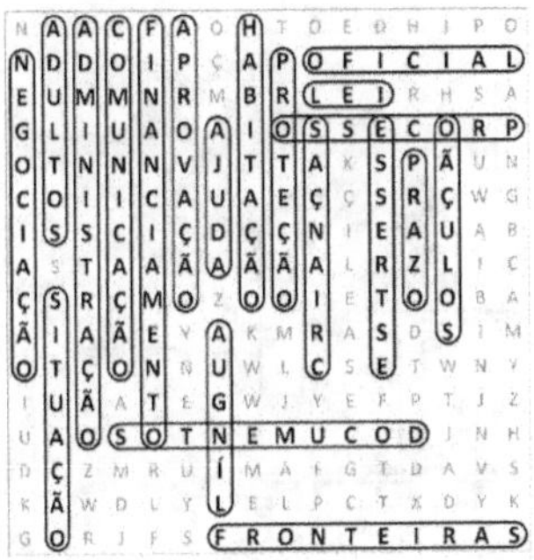

13 - Álgebra

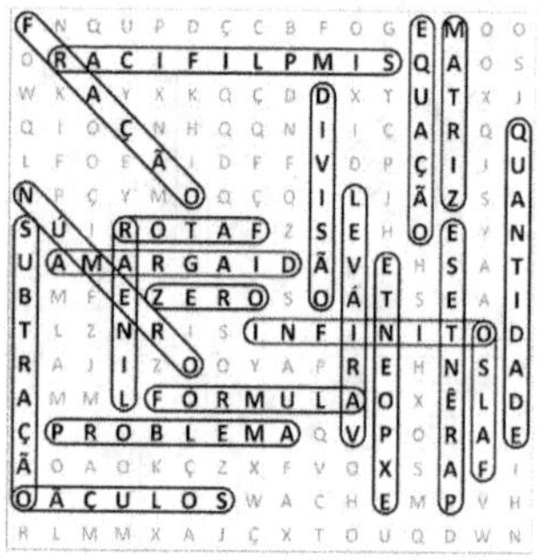

14 - Plantas

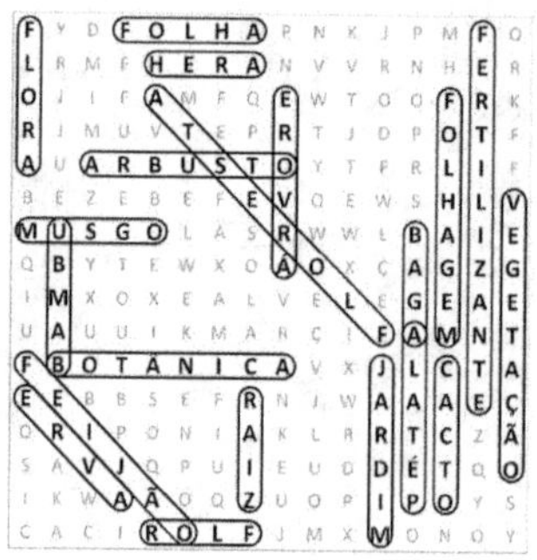

15 - Suministros de Arte

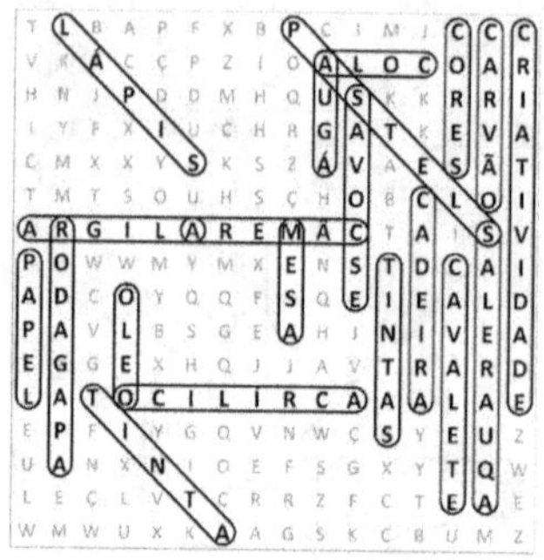

16 - Negocio

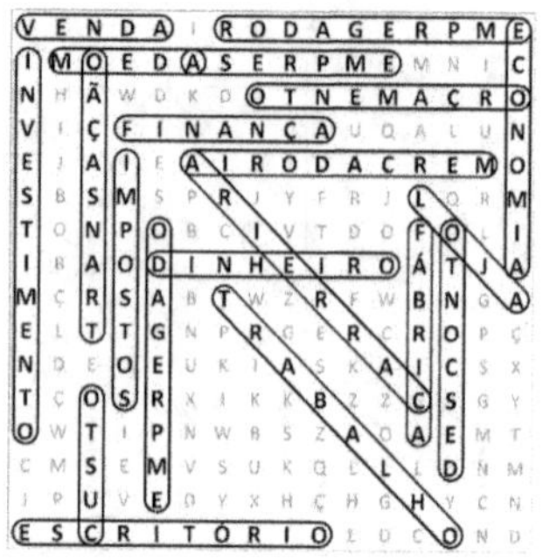

17 - Jardín

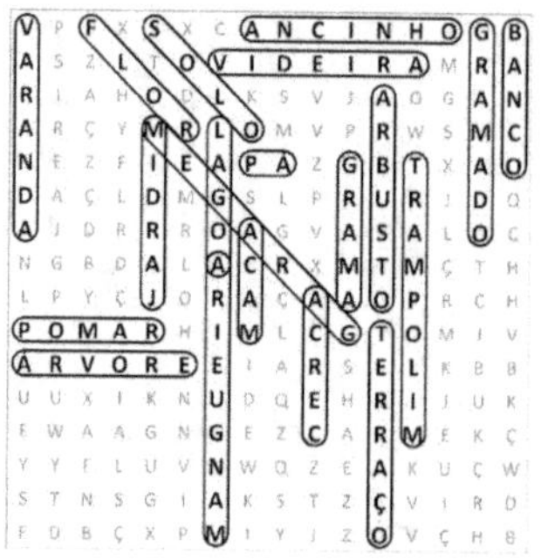

18 - Países #2

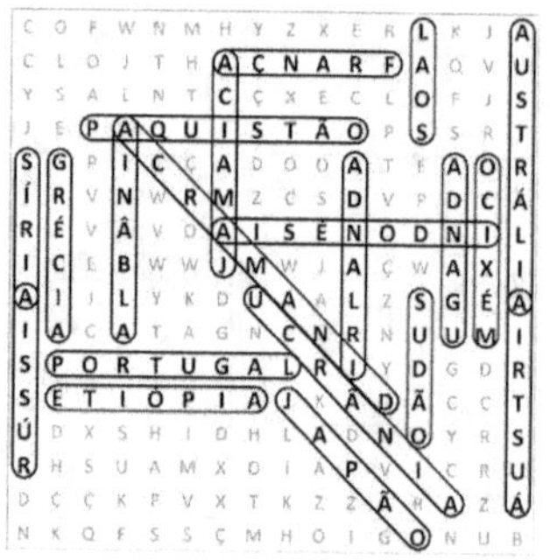

19 - Números

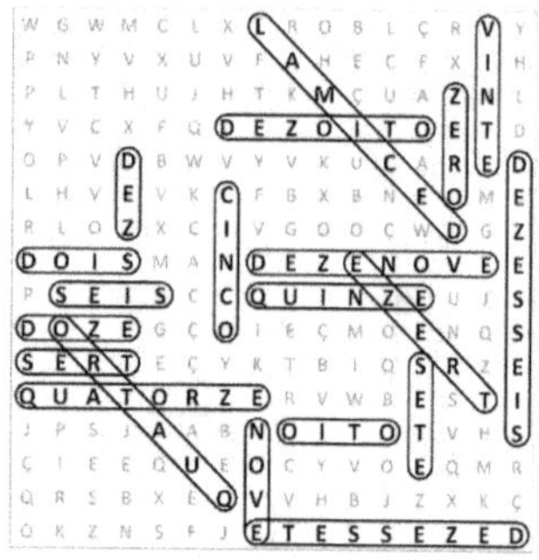

20 - Física

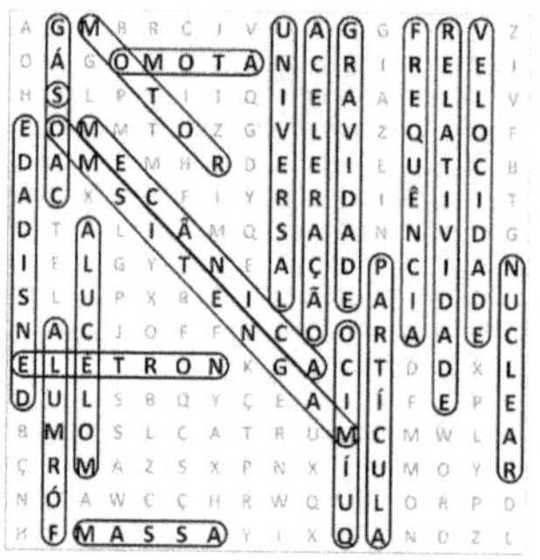

21 - Belleza

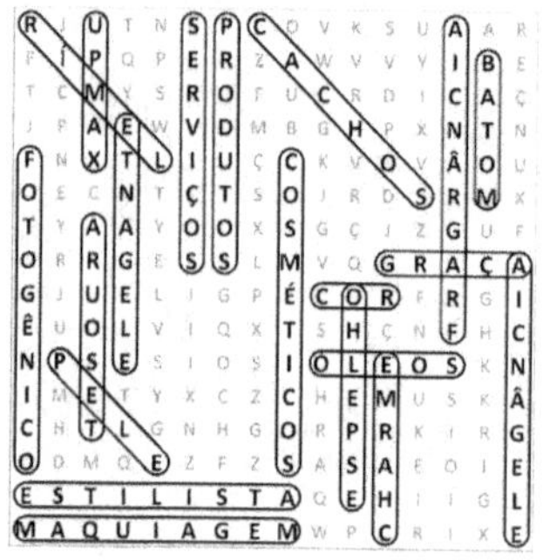

22 - Países #1

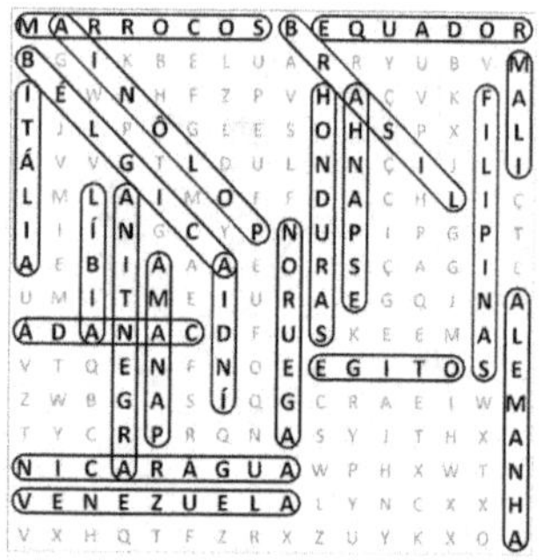

23 - Mitología

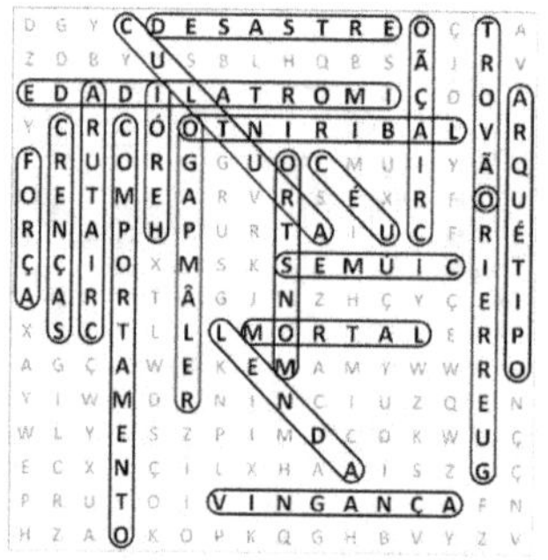

24 - Ecología

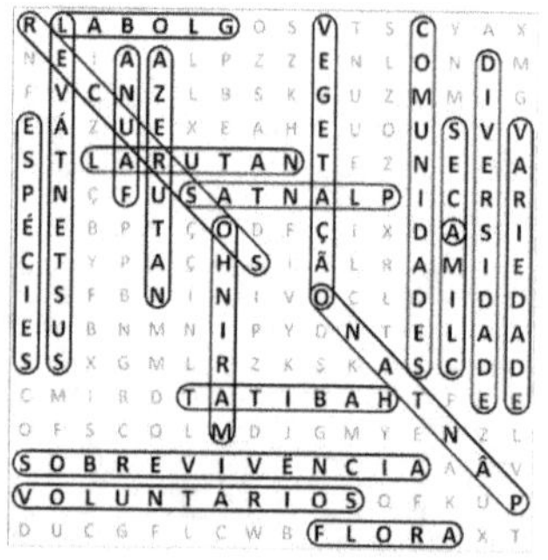

25 - Casa

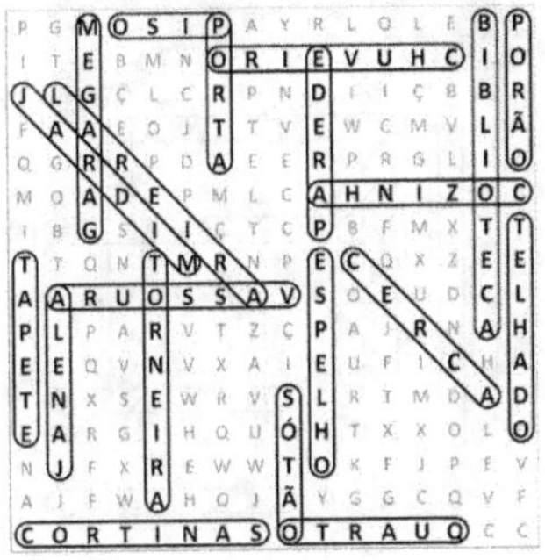

26 - Artes Visuales

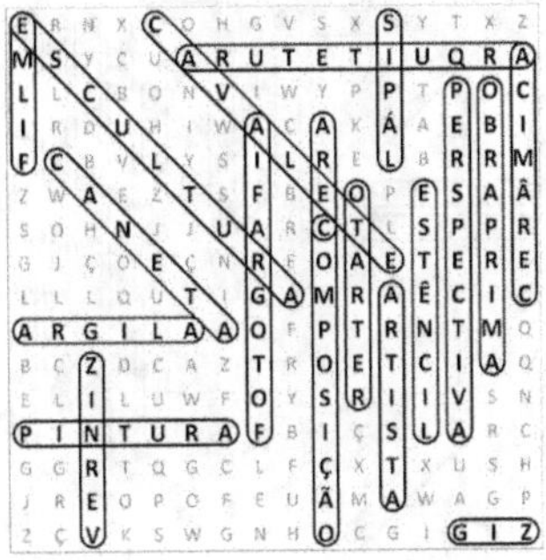

27 - Salud y Bienestar #2

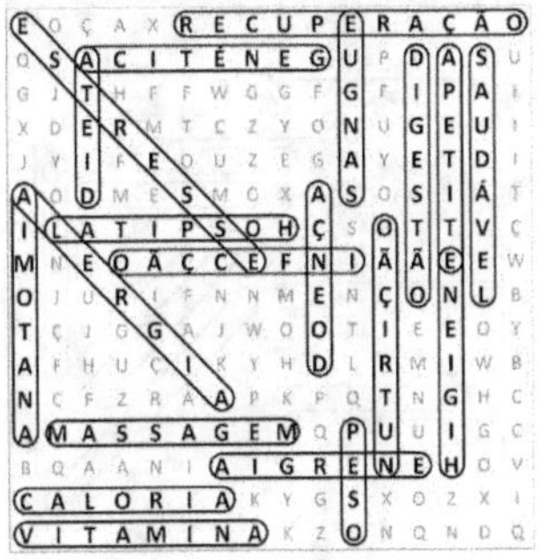

28 - Selva Tropical

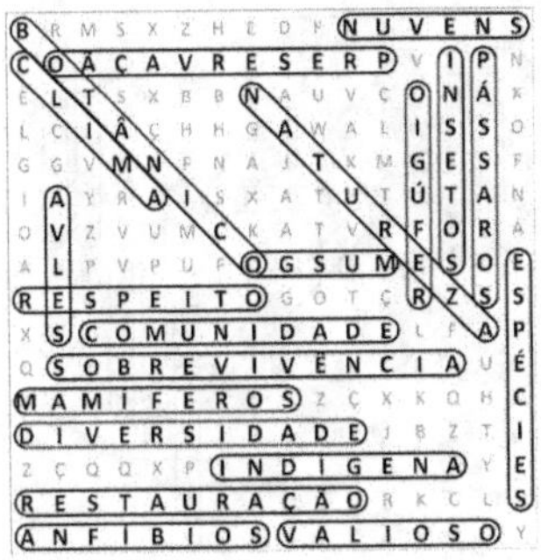

29 - Adjetivos #1

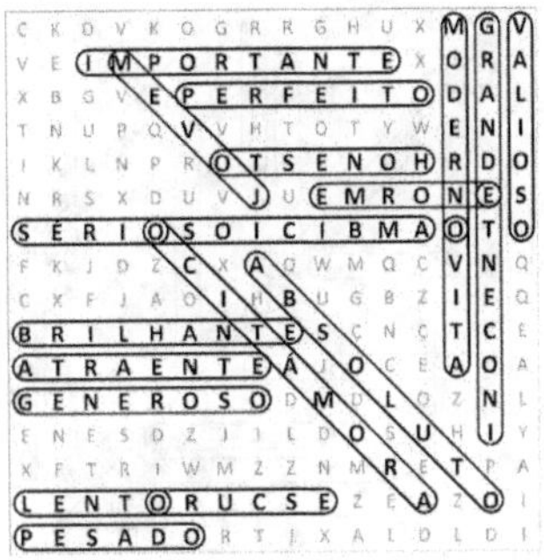

30 - Familia

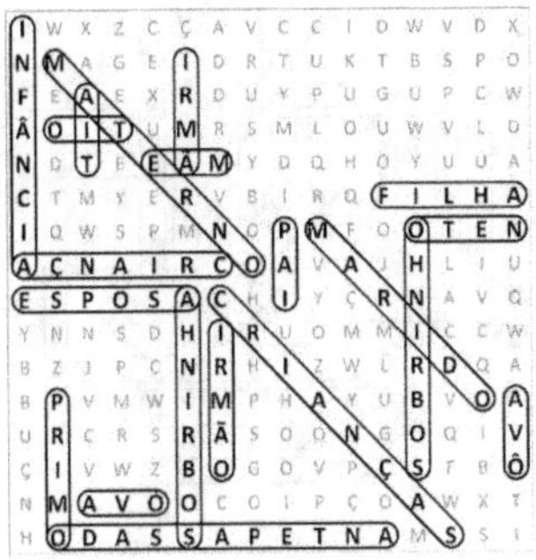

31 - Disciplinas Científicas

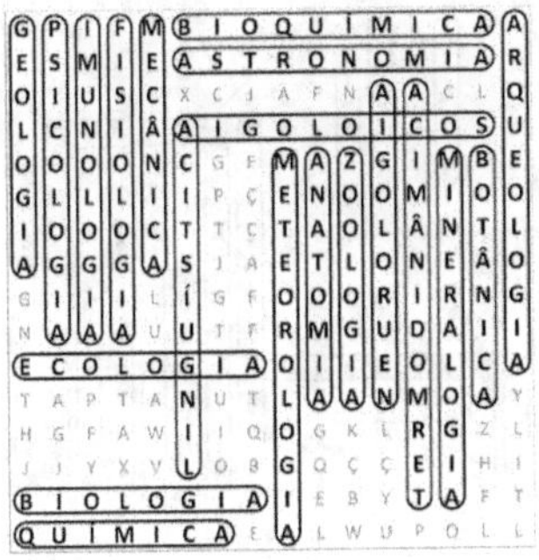

32 - Cocina

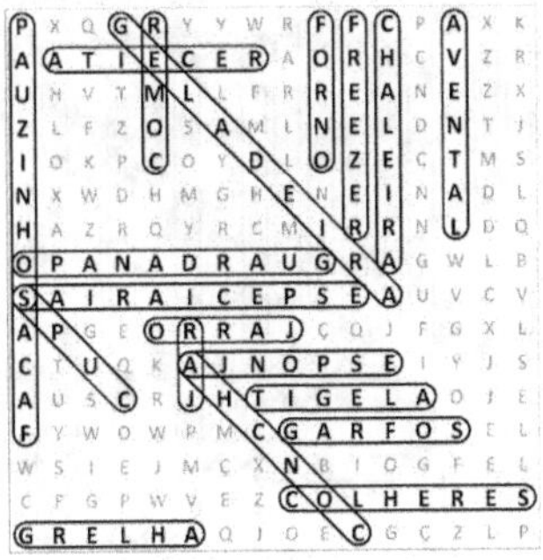

33 - Salud y Bienestar #1

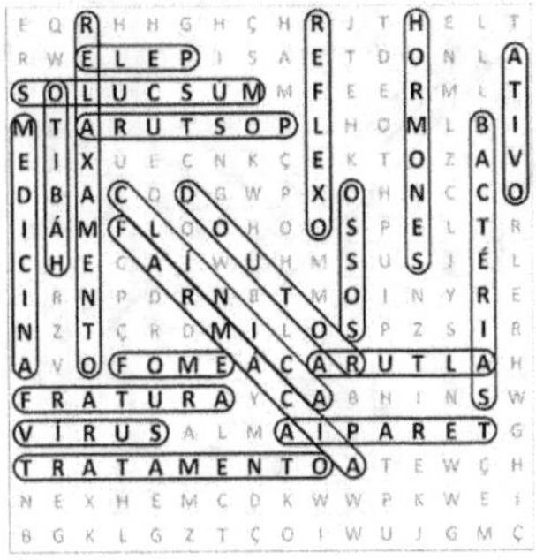

34 - Adjetivos #2

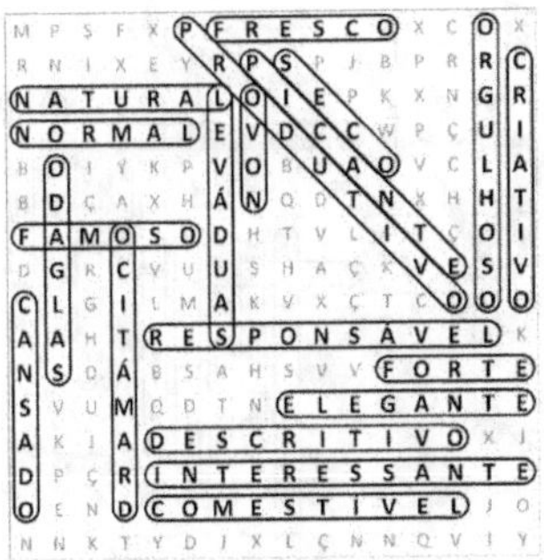

35 - Cuerpo Humano

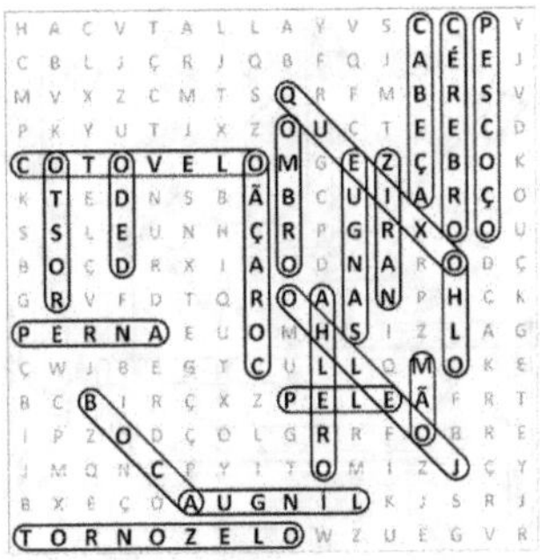

36 - Calentamiento GI

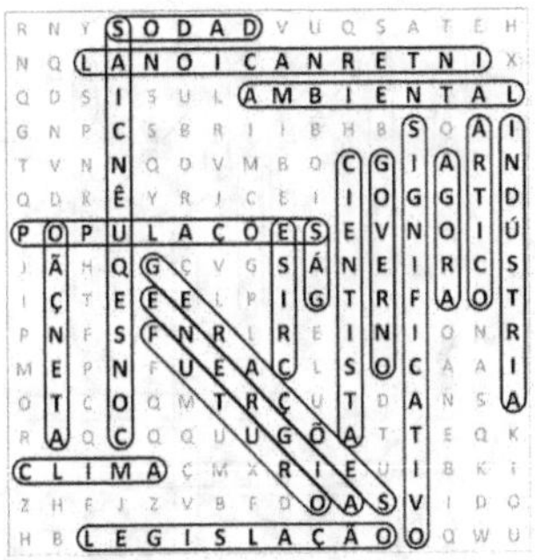

37 - Ciencia

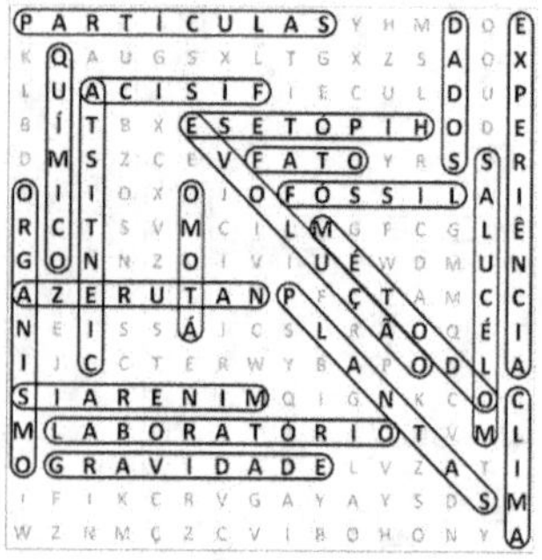

38 - Restaurante #2

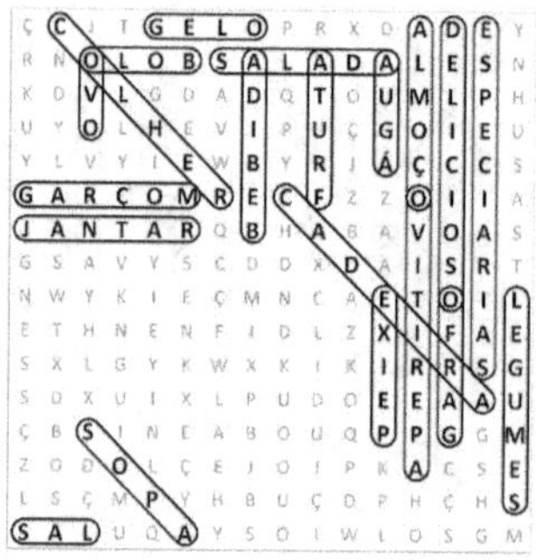

39 - Profesiones #1

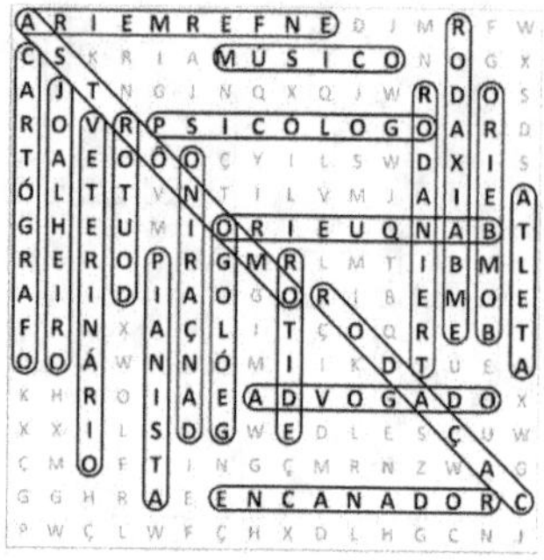

40 - Vehículos

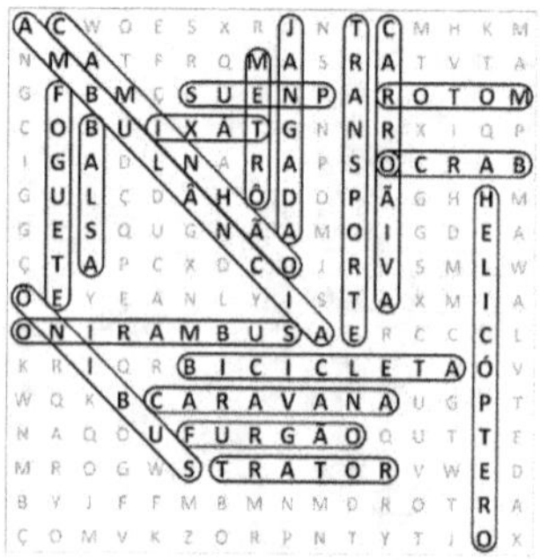

41 - Geometría

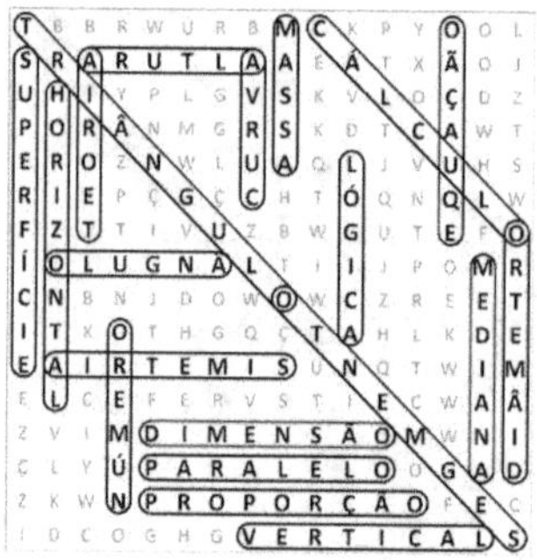

42 - Vacaciones #2

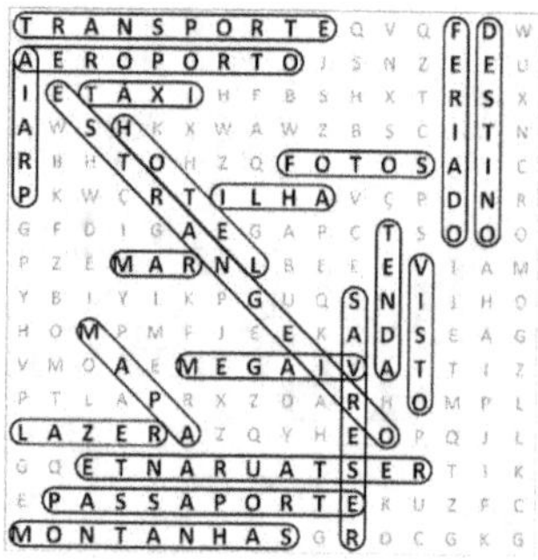

43 - Baile

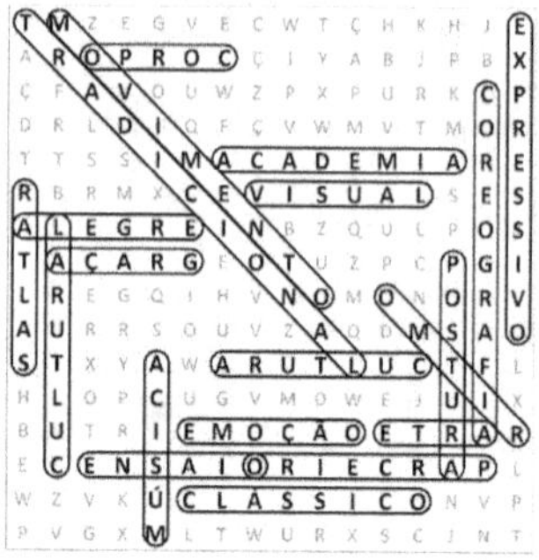

44 - Matemáticas

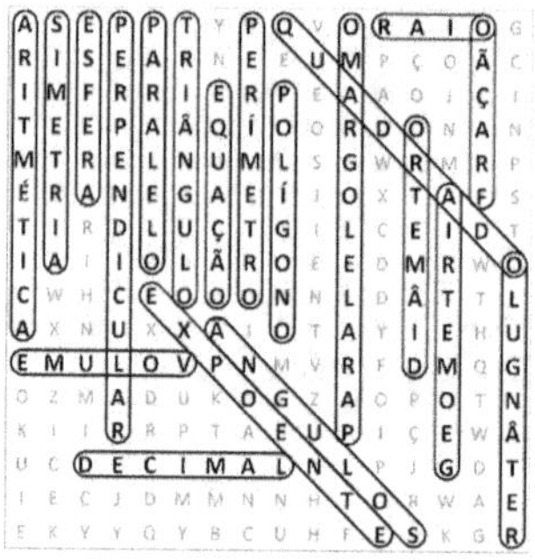

45 - Profesiones #2

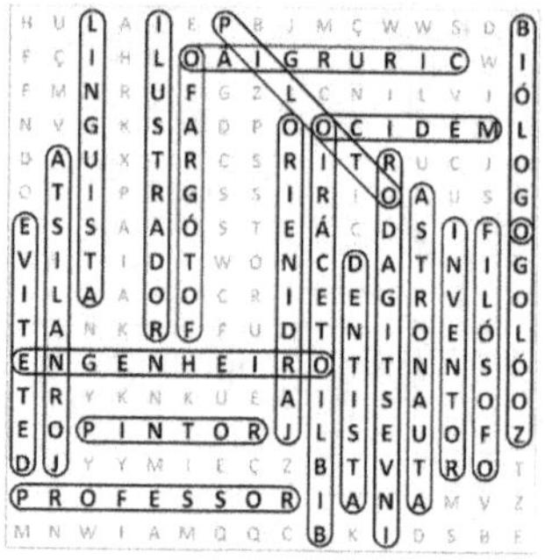

46 - Senderismo

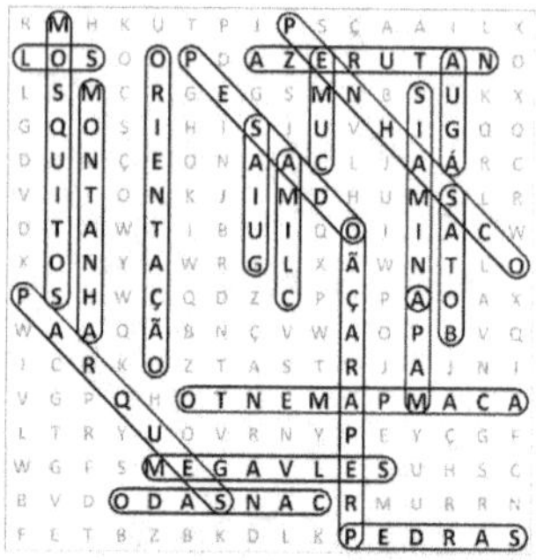

47 - Naturaleza

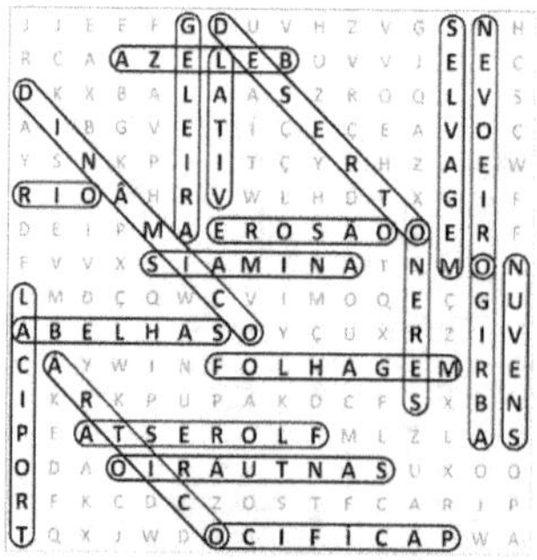

48 - Conduciendo

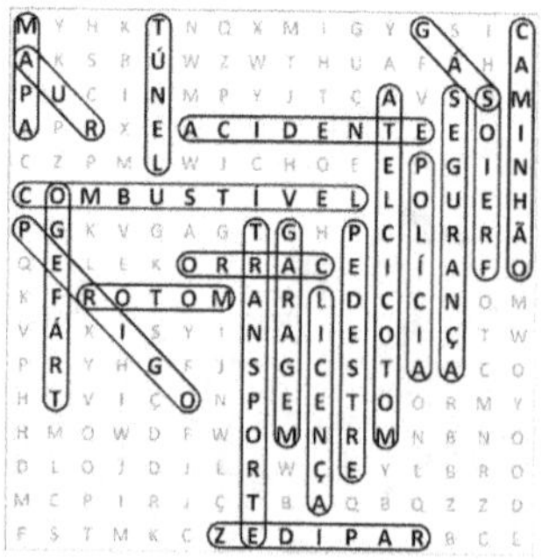

49 - Ballet

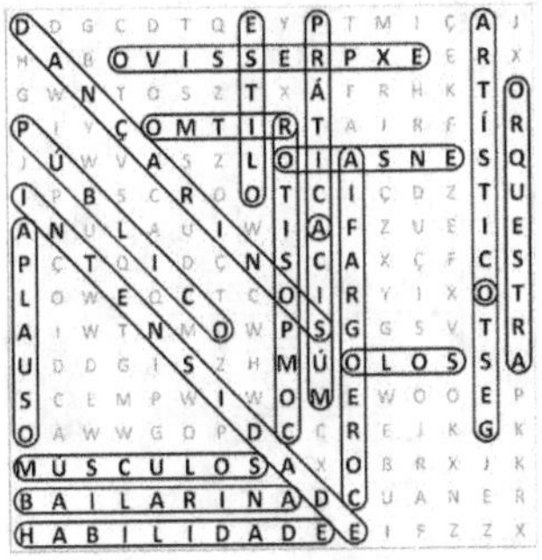

50 - Fuerza y Gravedad

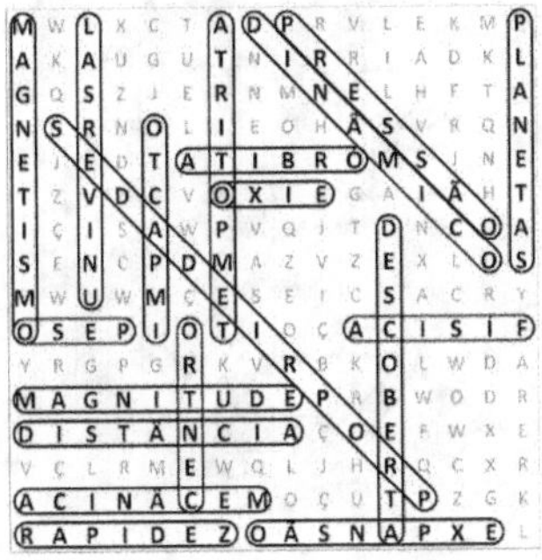

51 - Aventura

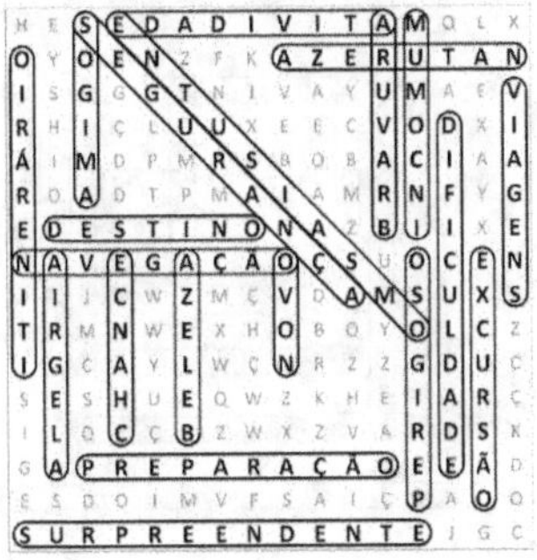

52 - Pájaros

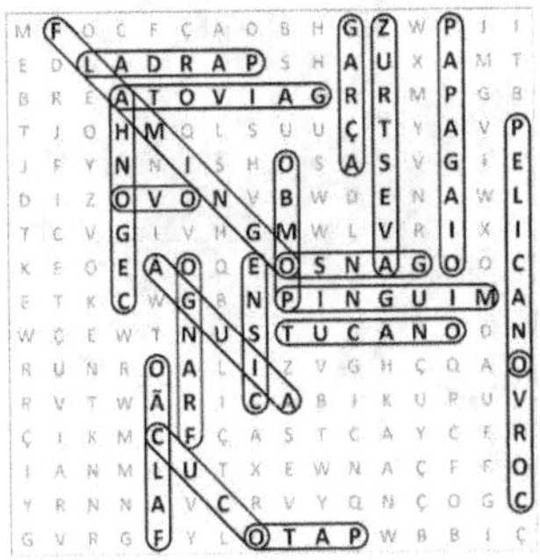

53 - Geografía

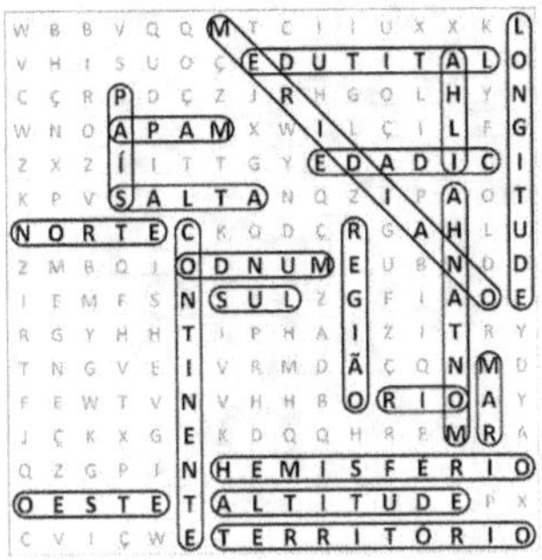

54 - Música

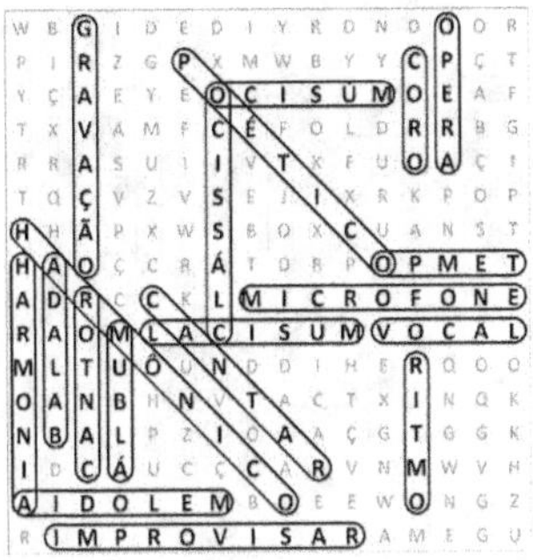

55 - Enfermedad

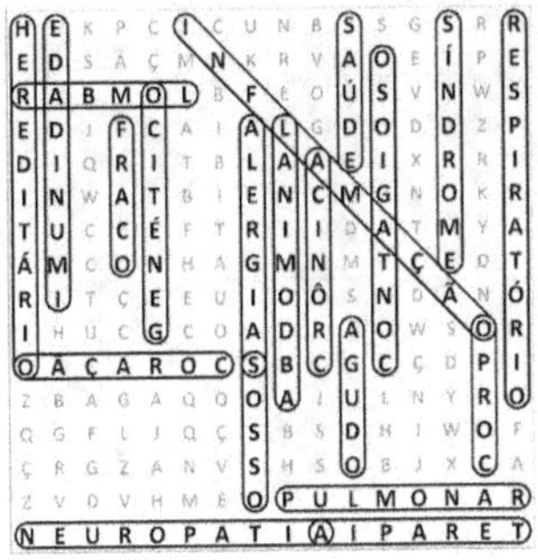

56 - Verduras

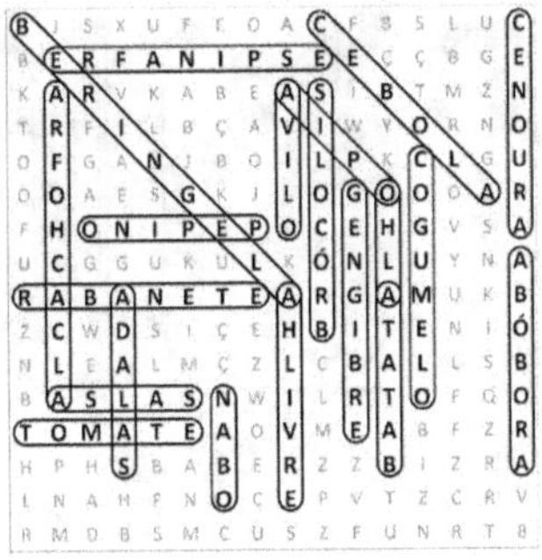

57 - Instrumentos Musicales

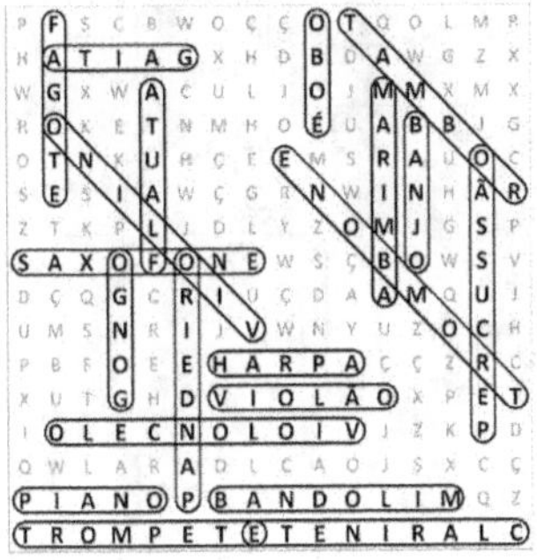

58 - Flores

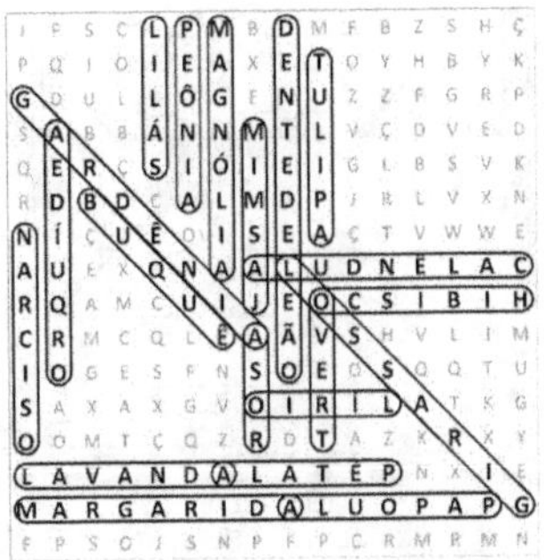

59 - Astronomía

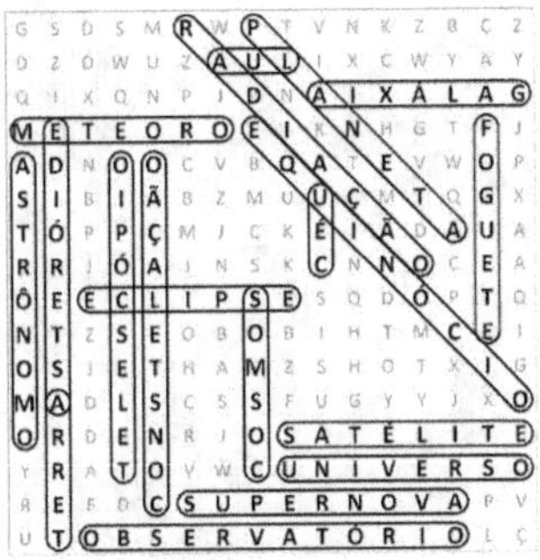

60 - Tiempo

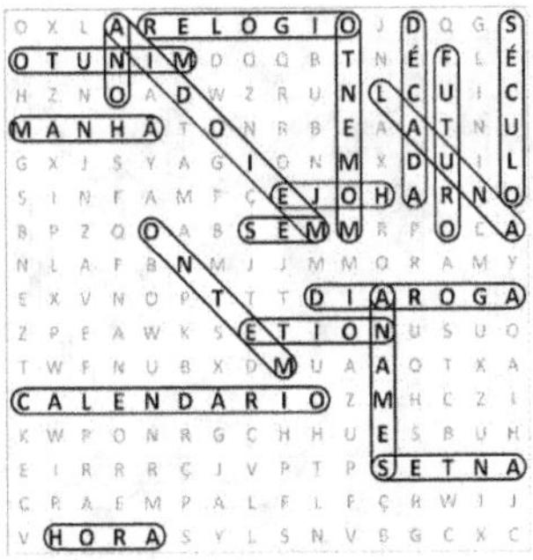

61 - Paisajes

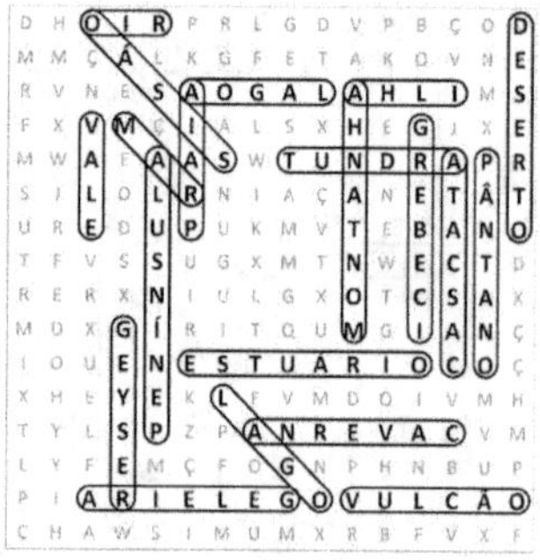

62 - Días y Meses

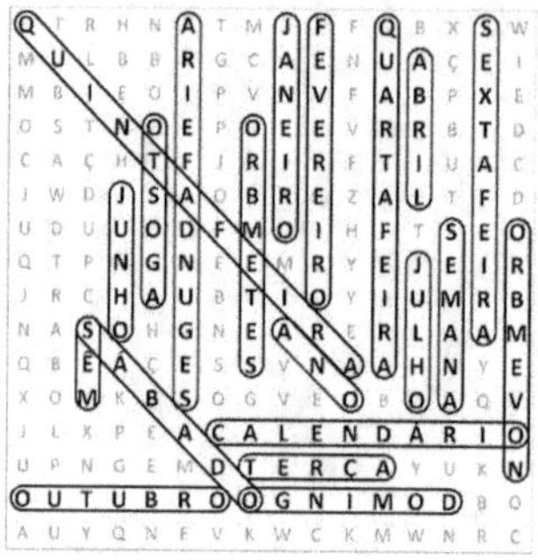

63 - Biología

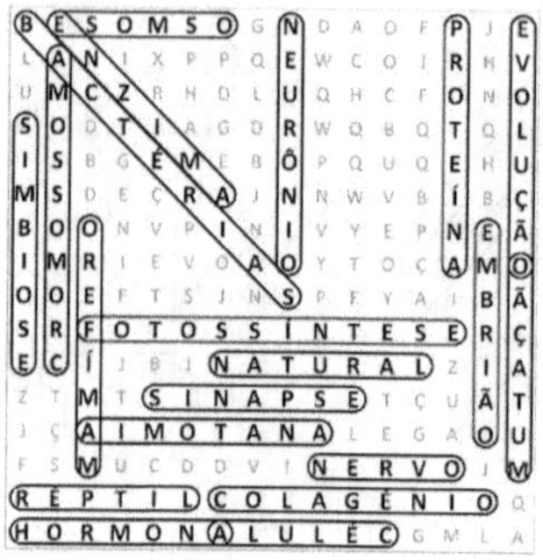

64 - Jardinería

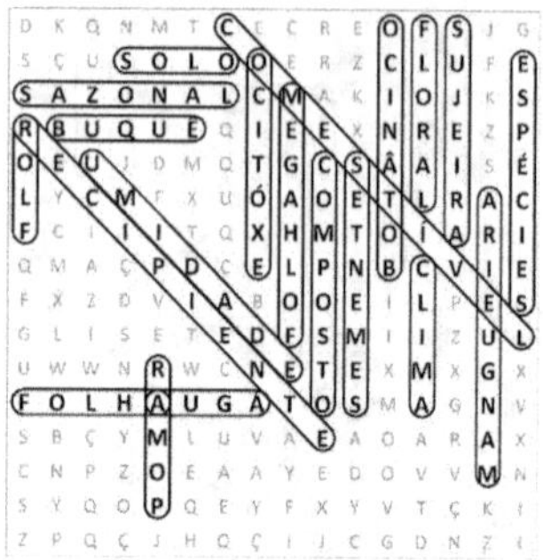

65 - Chocolate

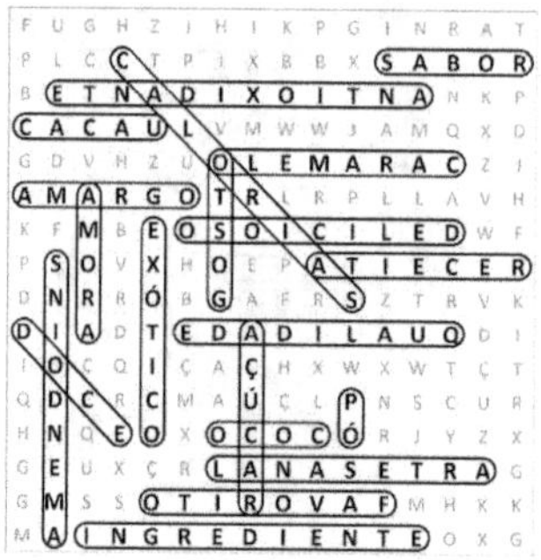

66 - Barbacoas

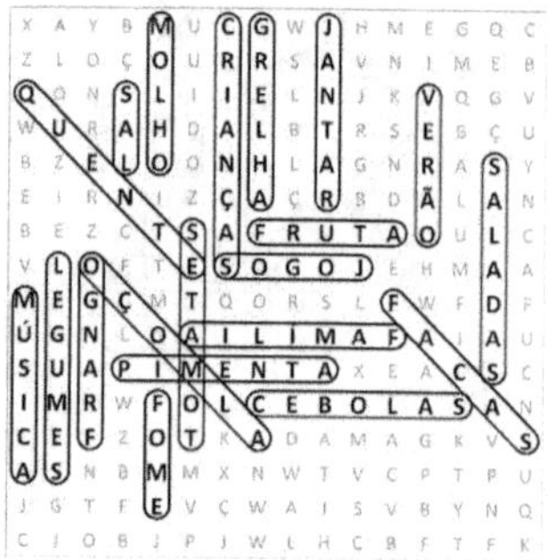

67 - Ropa

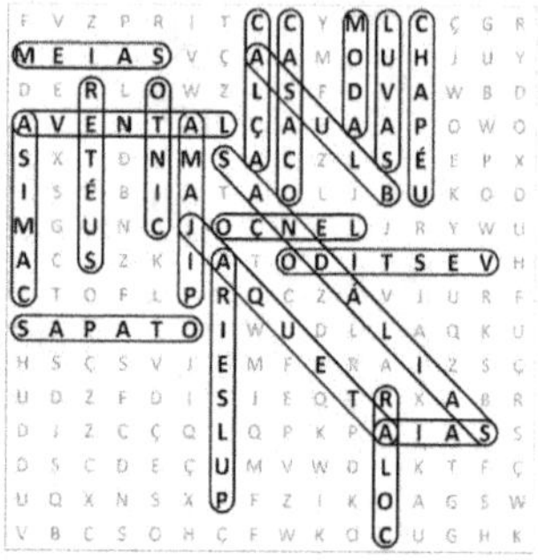

68 - Meditación

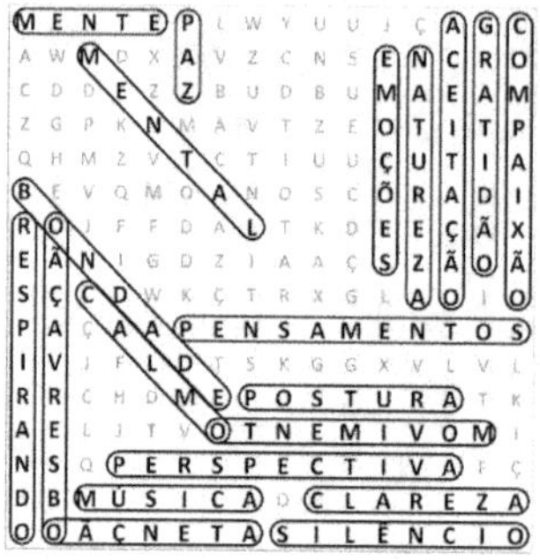

69 - Café

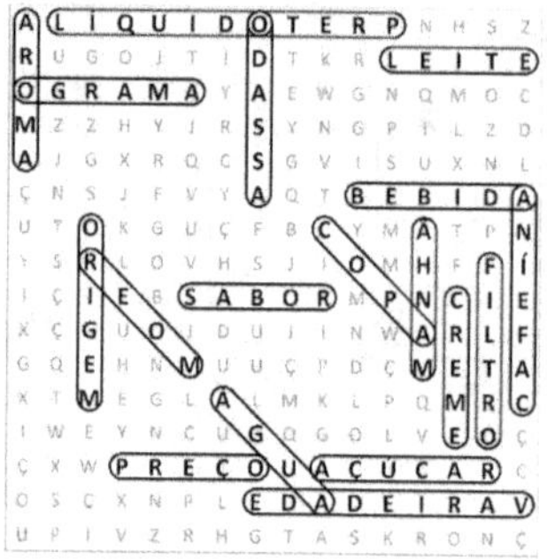

70 - Libros

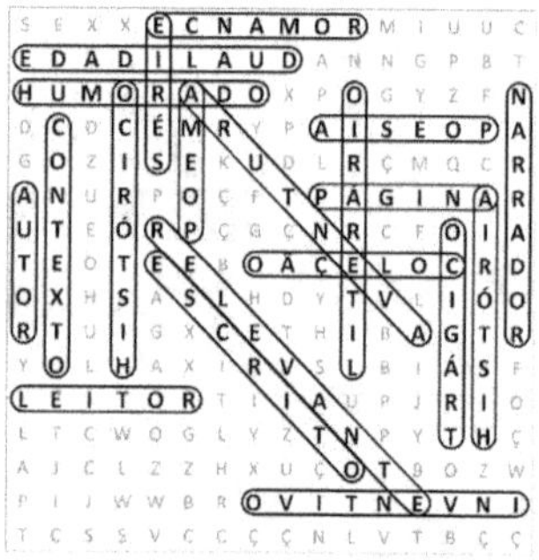

71 - Los Medios de Comunicación

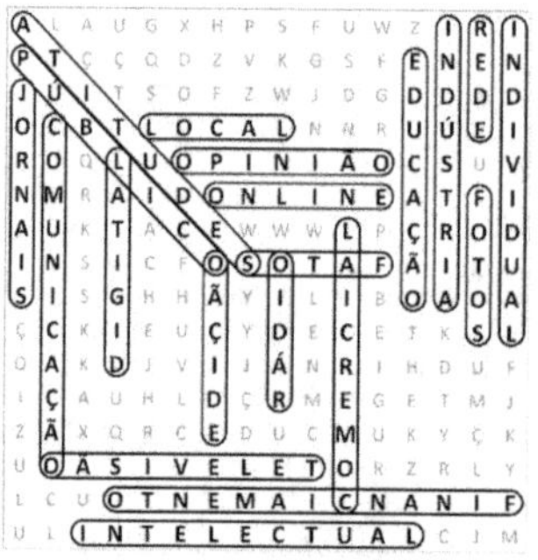

72 - Nutrición

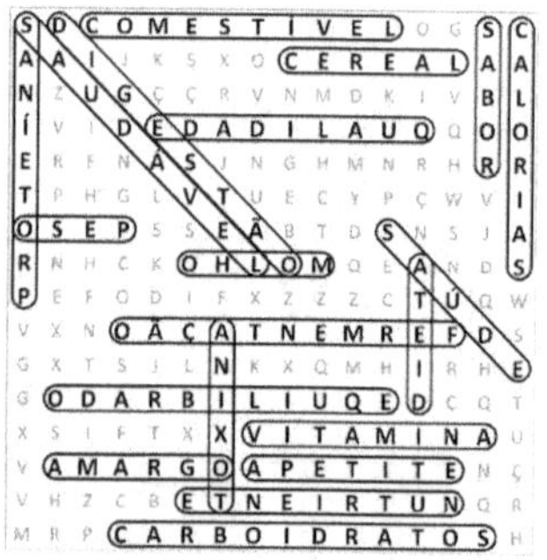

73 - Edificios

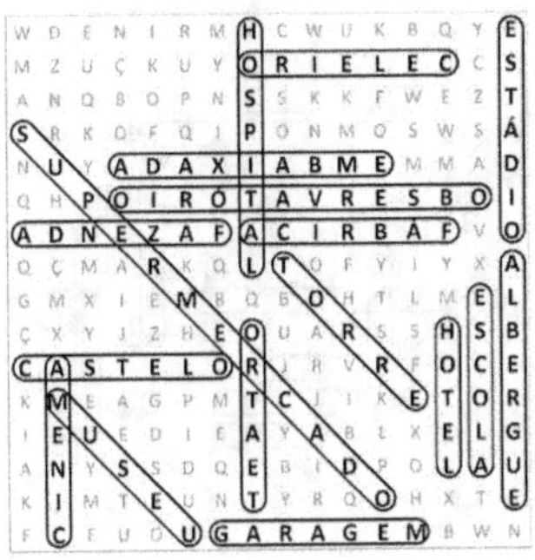

74 - Océano

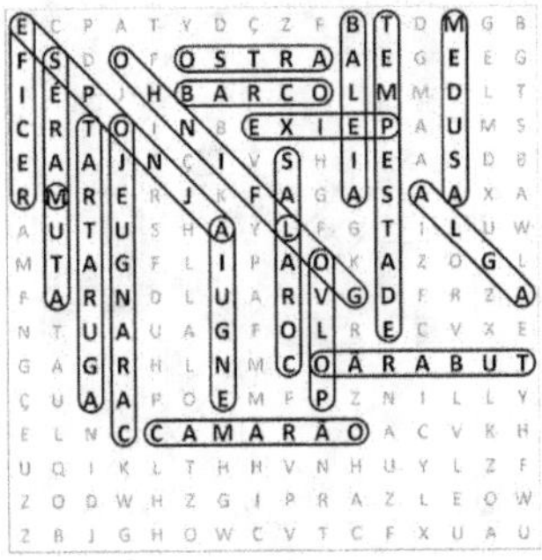

75 - Ciudad

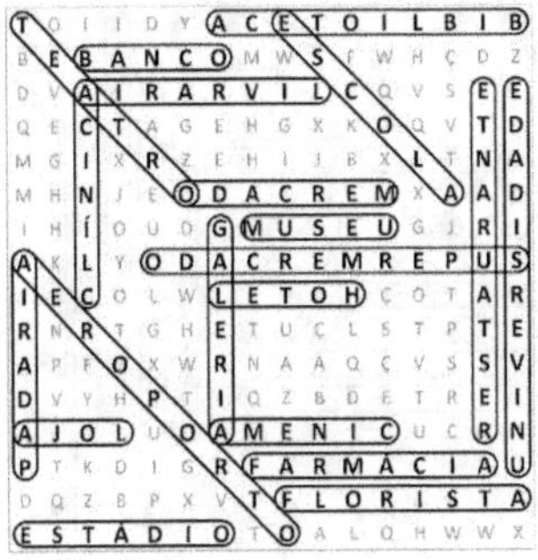

76 - Agronomía

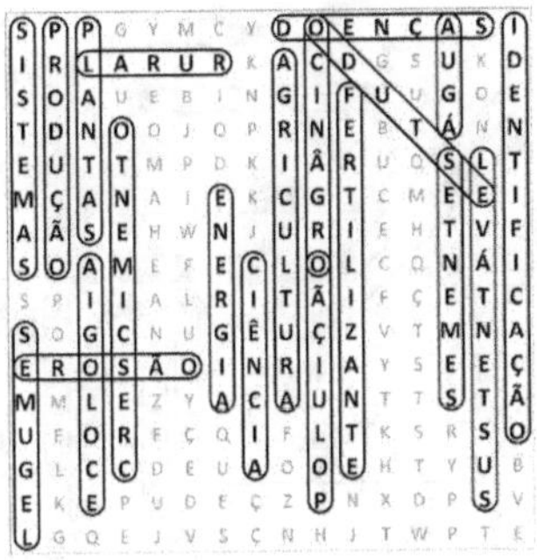

77 - Actividades y Ocio

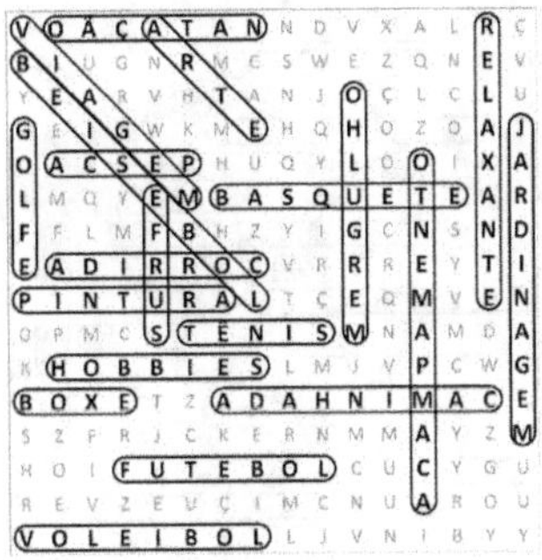

78 - Ingeniería

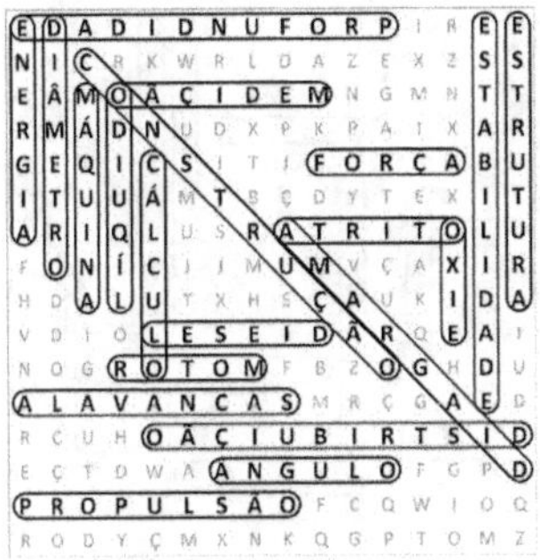

79 - Comida #1

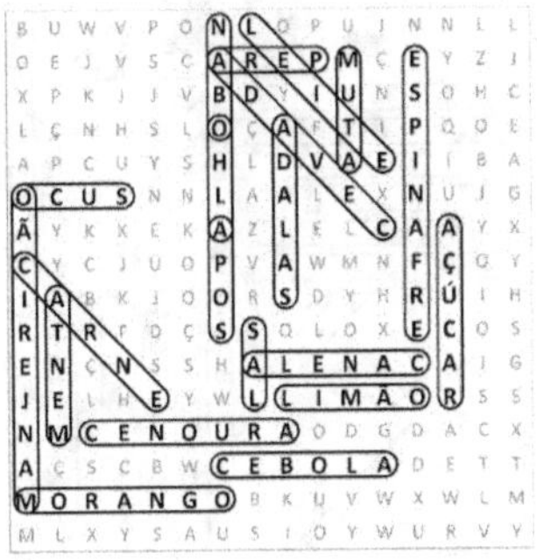

80 - Antigüedades

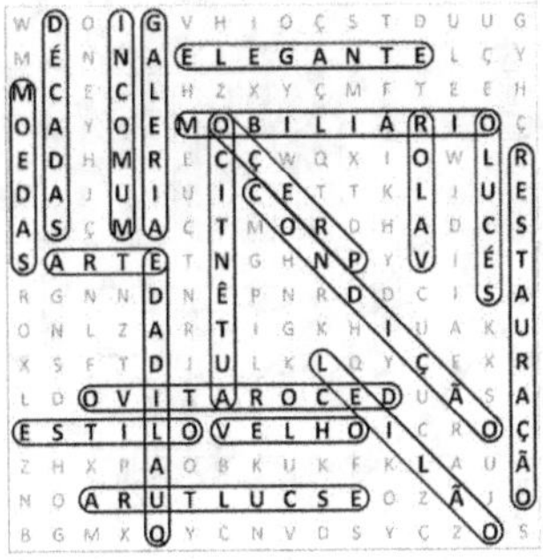

81 - Literatura

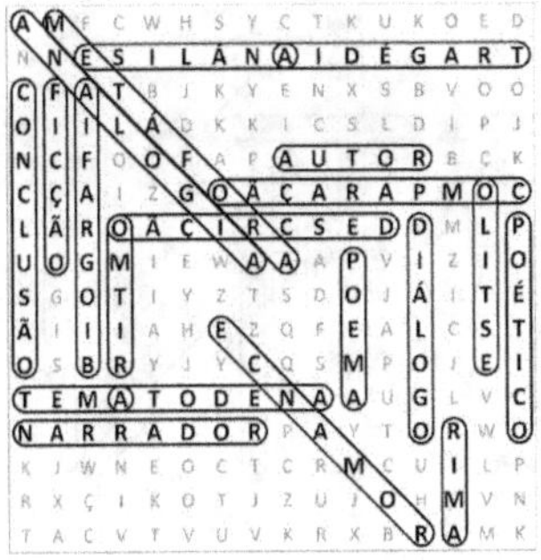

82 - Química

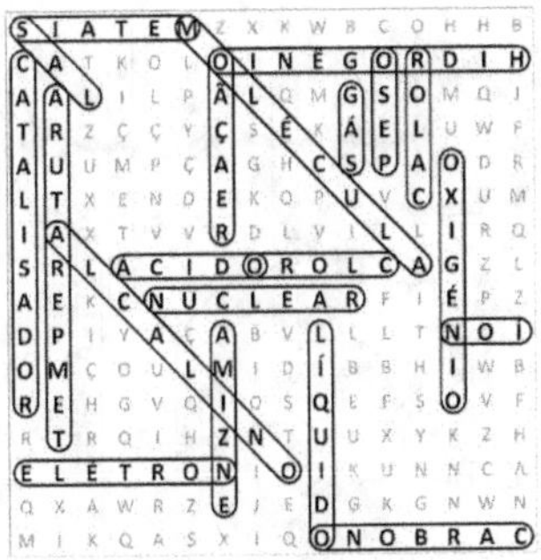

83 - Gobierno

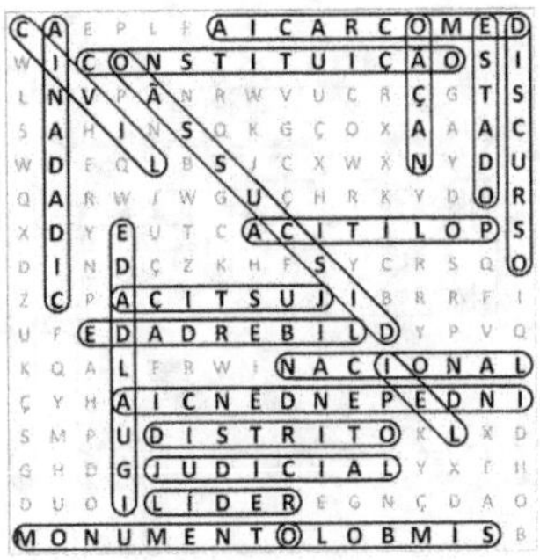

84 - Creatividad

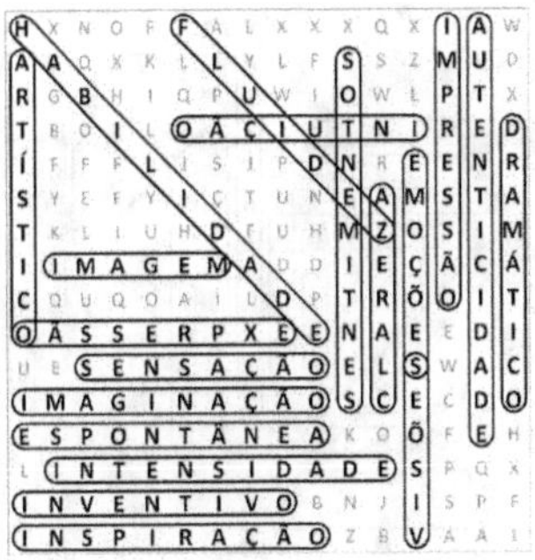

85 - Filantropía

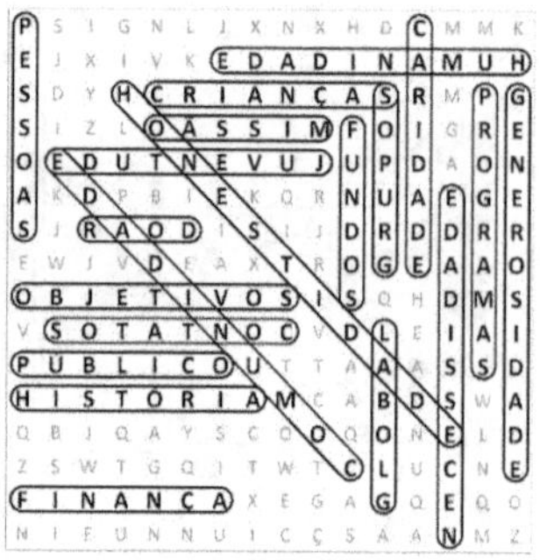

86 - Clima

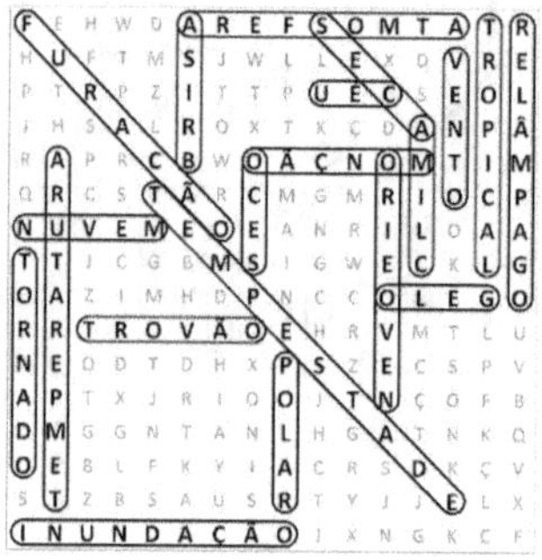

87 - Comida #2

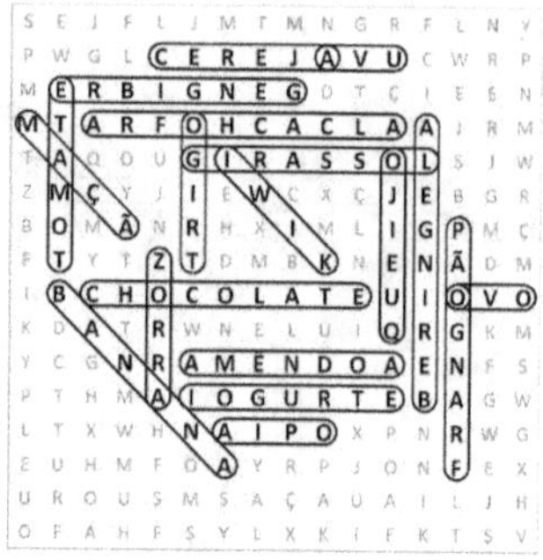

88 - Arte

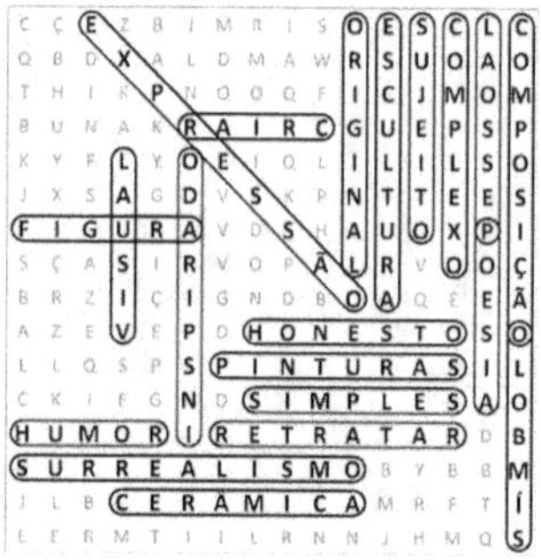

89 - Diplomacia

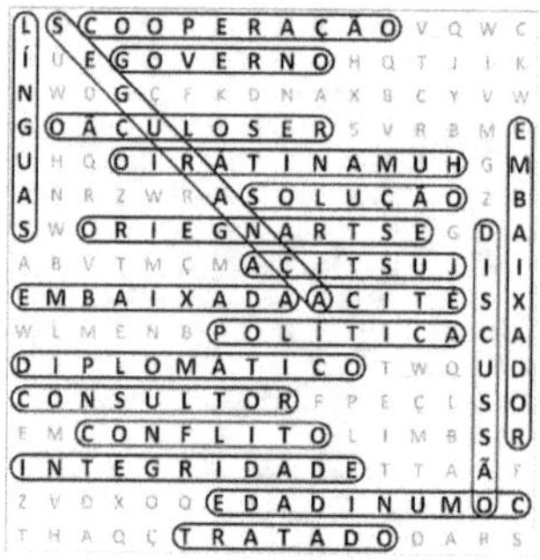

90 - Herboristería

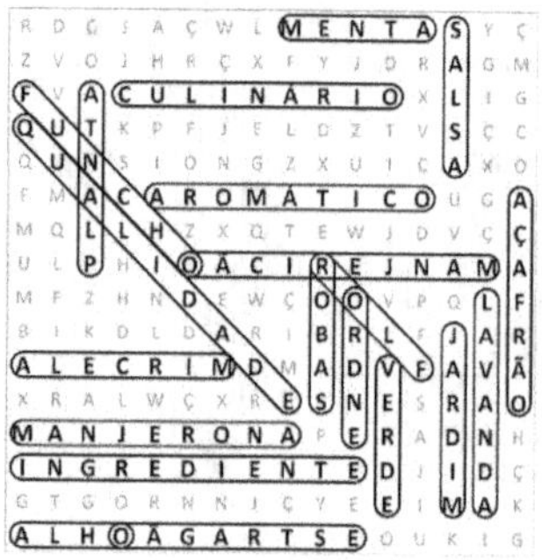

91 - Energía

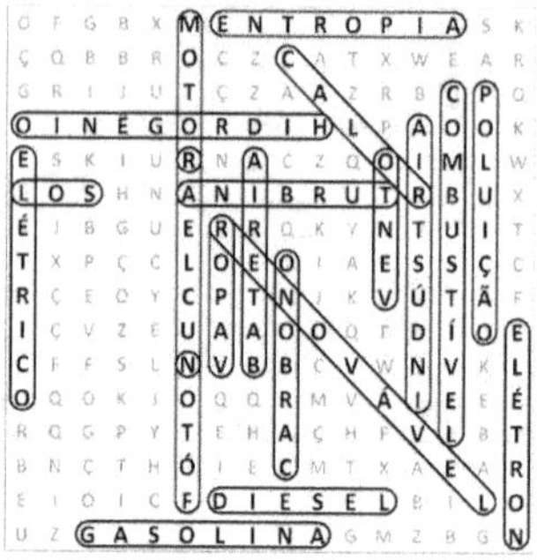

92 - Especias

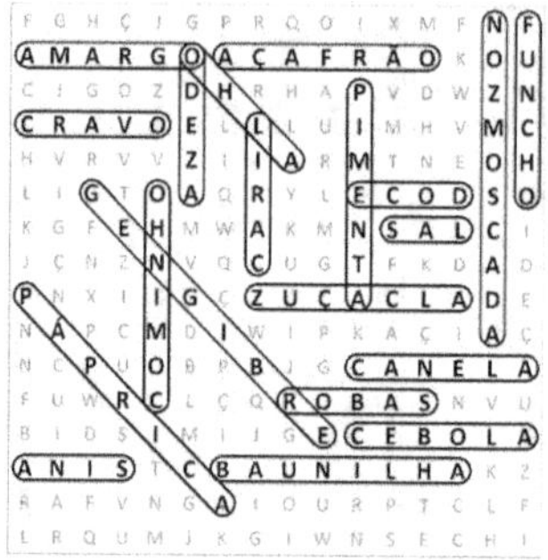

93 - Universo

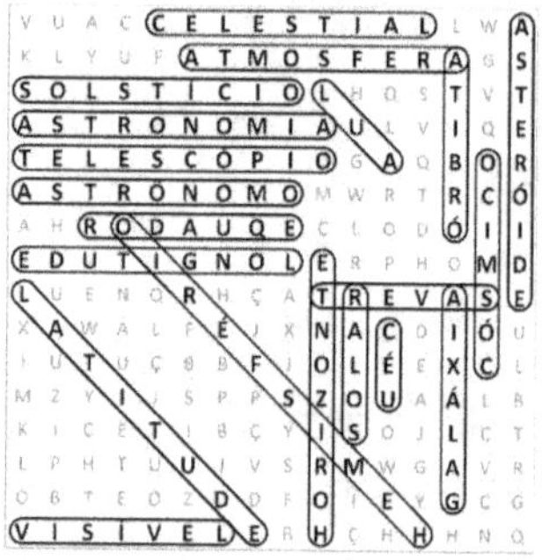

94 - Jazz

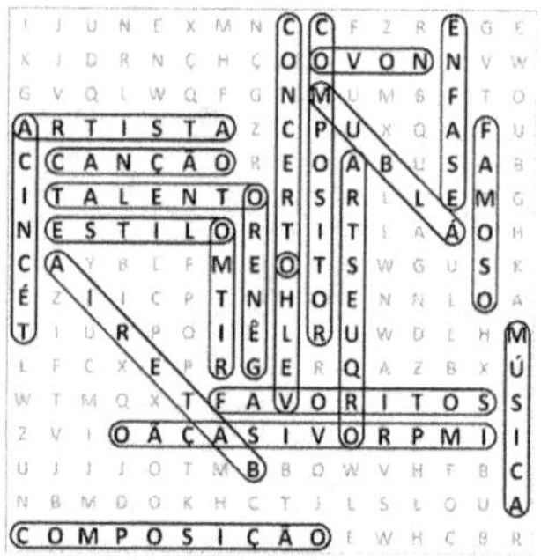

95 - Mediciones

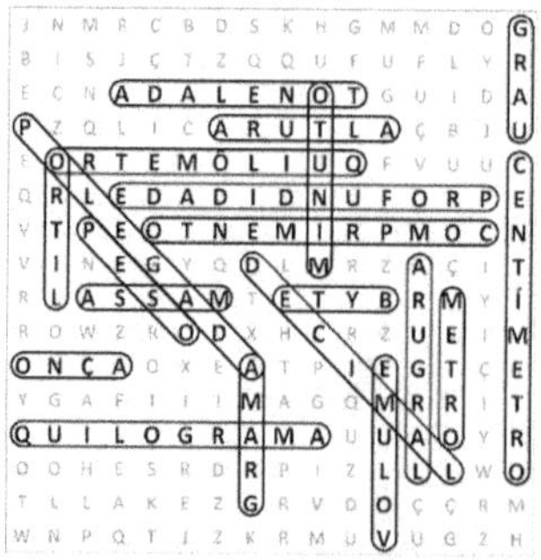

96 - Barcos

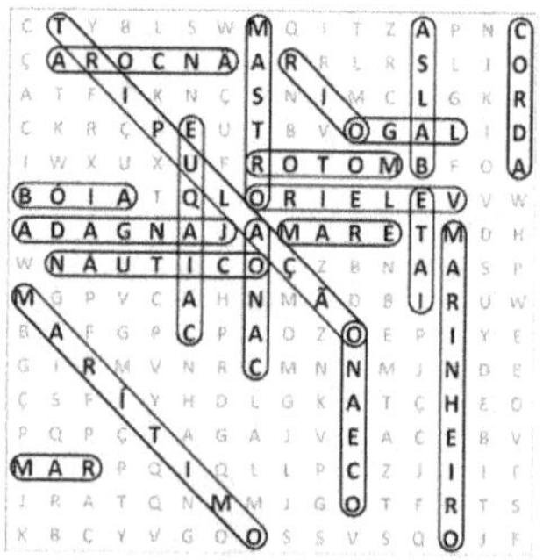

97 - Antártida

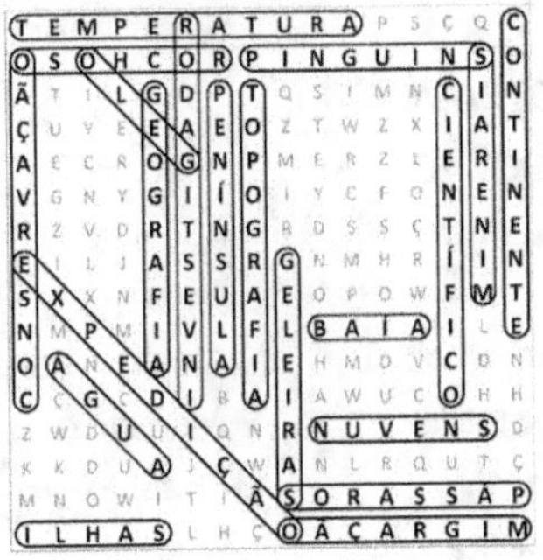

98 - Mamíferos

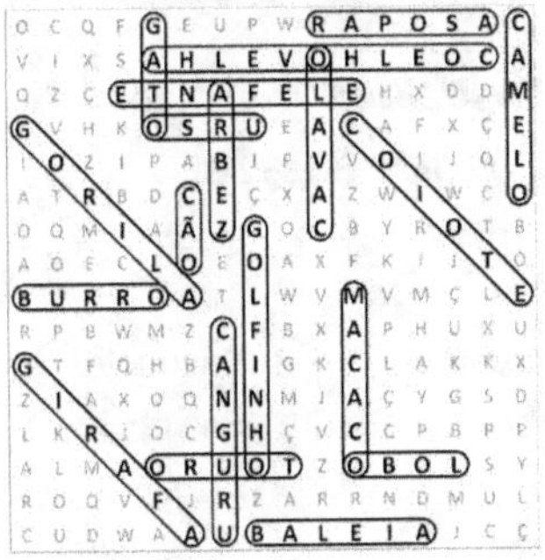

99 - Abejas

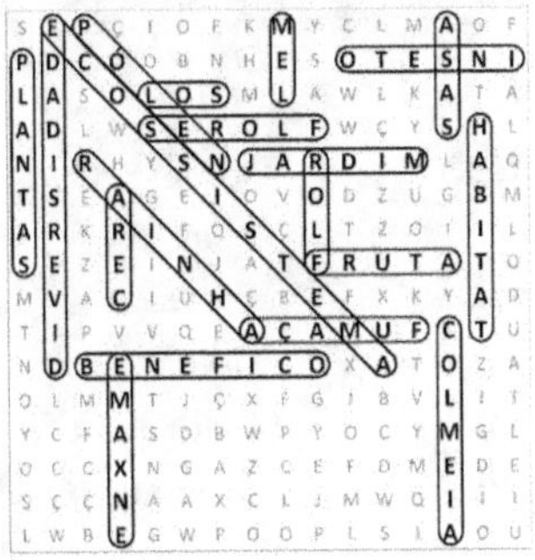

100 - Psicología

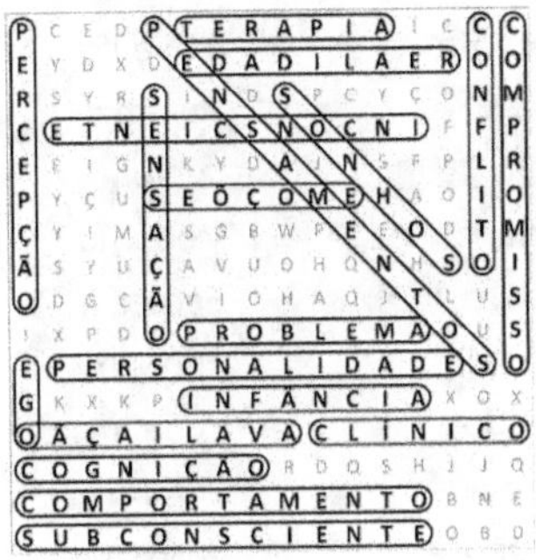

Diccionario

Abejas
Abelhas

Alas	Asas
Beneficioso	Benéfico
Cera	Cera
Colmena	Colmeia
Diversidad	Diversidade
Ecosistema	Ecossistema
Enjambre	Enxame
Flor	Flor
Flores	Flores
Fruta	Fruta
Hábitat	Habitat
Humo	Fumaça
Insecto	Inseto
Jardín	Jardim
Miel	Mel
Plantas	Plantas
Polen	Pólen
Reina	Rainha
Sol	Sol

Actividades y Ocio
Atividades e Lazer

Aficiones	Hobbies
Arte	Arte
Baloncesto	Basquete
Béisbol	Beisebol
Boxeo	Boxe
Buceo	Mergulho
Camping	Acampamento
Carreras	Corrida
Fútbol	Futebol
Golf	Golfe
Jardinería	Jardinagem
Natación	Natação
Pesca	Pesca
Pintura	Pintura
Relajante	Relaxante
Senderismo	Caminhada
Surf	Surfe
Tenis	Tênis
Viaje	Viagem
Voleibol	Voleibol

Adjetivos #1
Adjetivos #1

Absoluto	Absoluto
Activo	Ativo
Ambicioso	Ambicioso
Aromático	Aromático
Atractivo	Atraente
Brillante	Brilhante
Enorme	Enorme
Generoso	Generoso
Grande	Grande
Honesto	Honesto
Importante	Importante
Inocente	Inocente
Joven	Jovem
Lento	Lento
Moderno	Moderno
Oscuro	Escuro
Perfecto	Perfeito
Pesado	Pesado
Serio	Sério
Valioso	Valioso

Adjetivos #2
Adjetivos #2

Cansado	Cansado
Comestible	Comestível
Creativo	Criativo
Descriptivo	Descritivo
Dramático	Dramático
Elegante	Elegante
Famoso	Famoso
Fresco	Fresco
Fuerte	Forte
Interesante	Interessante
Natural	Natural
Normal	Normal
Nuevo	Novo
Orgulloso	Orgulhoso
Picante	Picante
Productivo	Produtivo
Responsable	Responsável
Salado	Salgado
Saludable	Saudável
Seco	Seco

Agronomía
Agronomia

Agricultura	Agricultura
Agua	Água
Ciencia	Ciência
Contaminación	Poluição
Crecimiento	Crescimento
Ecología	Ecologia
Energía	Energia
Enfermedades	Doenças
Erosión	Erosão
Estudio	Estudo
Fertilizante	Fertilizante
Identificación	Identificação
Orgánico	Orgânico
Plantas	Plantas
Producción	Produção
Rural	Rural
Semillas	Sementes
Sistemas	Sistemas
Sostenible	Sustentável
Verduras	Legumes

Antártida
Antártica

Agua	Água
Bahía	Baía
Científico	Científico
Conservación	Conservação
Continente	Continente
Expedición	Expedição
Geografía	Geografia
Glaciares	Geleiras
Hielo	Gelo
Investigador	Investigador
Islas	Ilhas
Migración	Migração
Minerales	Minerais
Nubes	Nuvens
Pájaros	Pássaros
Península	Península
Pingüinos	Pinguins
Rocoso	Rochoso
Temperatura	Temperatura
Topografía	Topografia

Antigüedades
Antiguidades

Arte	Arte
Auténtico	Autêntico
Calidad	Qualidade
Condición	Condição
Decorativo	Decorativo
Décadas	Décadas
Elegante	Elegante
Escultura	Escultura
Estilo	Estilo
Galería	Galeria
Inusual	Incomum
Inversión	Investimento
Monedas	Moedas
Mueble	Mobiliário
Precio	Preço
Restauración	Restauração
Siglo	Século
Subasta	Leilão
Valor	Valor
Viejo	Velho

Arqueología
Arqueologia

Análisis	Análise
Antigüedad	Antiguidade
Años	Anos
Civilización	Civilização
Descendiente	Descendente
Desconocido	Desconhecido
Equipo	Equipe
Era	Era
Evaluación	Avaliação
Experto	Especialista
Fósil	Fóssil
Huesos	Ossos
Investigador	Investigador
Misterio	Mistério
Objetos	Objetos
Olvidado	Esquecido
Profesor	Professor
Reliquia	Relíquia
Templo	Templo
Tumba	Túmulo

Arte
Arte

Cerámica	Cerâmica
Complejo	Complexo
Composición	Composição
Crear	Criar
Escultura	Escultura
Expresión	Expressão
Figura	Figura
Honesto	Honesto
Humor	Humor
Inspirado	Inspirado
Original	Original
Personal	Pessoal
Pinturas	Pinturas
Poesía	Poesia
Retratar	Retratar
Sencillo	Simples
Símbolo	Símbolo
Surrealismo	Surrealismo
Tema	Sujeito
Visual	Visual

Artes Visuales
Artes Visuais

Arcilla	Argila
Arquitectura	Arquitetura
Artista	Artista
Barniz	Verniz
Caballete	Cavalete
Cera	Cera
Cerámica	Cerâmica
Composición	Composição
Creatividad	Criatividade
Escultura	Escultura
Fotografía	Fotografia
Lápiz	Lápis
Obra Maestra	Obra-Prima
Película	Filme
Perspectiva	Perspectiva
Pintura	Pintura
Plantilla	Estêncil
Pluma	Caneta
Retrato	Retrato
Tiza	Giz

Astronomía
Astronomia

Asteroide	Asteróide
Astronauta	Astronauta
Astrónomo	Astrônomo
Cielo	Céu
Cohete	Foguete
Constelación	Constelação
Cosmos	Cosmos
Eclipse	Eclipse
Equinoccio	Equinócio
Galaxia	Galáxia
Luna	Lua
Meteoro	Meteoro
Observatorio	Observatório
Planeta	Planeta
Radiación	Radiação
Satélite	Satélite
Supernova	Supernova
Telescopio	Telescópio
Tierra	Terra
Universo	Universo

Aventura
Aventura

Actividad	Atividade
Alegría	Alegria
Amigos	Amigos
Belleza	Beleza
Destino	Destino
Dificultad	Dificuldade
Entusiasmo	Entusiasmo
Excursión	Excursão
Inusual	Incomum
Itinerario	Itinerário
Naturaleza	Natureza
Navegación	Navegação
Nuevo	Novo
Oportunidad	Chance
Peligroso	Perigoso
Preparación	Preparação
Seguridad	Segurança
Sorprendente	Surpreendente
Valentía	Bravura
Viajes	Viagens

Aviones
Aviões

Aire	Ar
Altitud	Altitude
Altura	Altura
Aterrizaje	Aterrissagem
Atmósfera	Atmosfera
Aventura	Aventura
Cielo	Céu
Combustible	Combustível
Construcción	Construção
Dirección	Direção
Globo	Balão
Hélices	Hélices
Hidrógeno	Hidrogênio
Historia	História
Motor	Motor
Navegar	Navegar
Pasajero	Passageiro
Piloto	Piloto
Tripulación	Tripulação
Turbulencia	Turbulência

Álgebra
Álgebra

Cantidad	Quantidade
Cero	Zero
Diagrama	Diagrama
División	Divisão
Ecuación	Equação
Exponente	Expoente
Factor	Fator
Falso	Falso
Fórmula	Fórmula
Fracción	Fração
Infinito	Infinito
Lineal	Linear
Matriz	Matriz
Número	Número
Paréntesis	Parêntese
Problema	Problema
Resta	Subtração
Simplificar	Simplificar
Solución	Solução
Variable	Variável

Baile
Dança

Academia	Academia
Alegre	Alegre
Arte	Arte
Clásico	Clássico
Coreografía	Coreografia
Cuerpo	Corpo
Cultura	Cultura
Cultural	Cultural
Emoción	Emoção
Ensayo	Ensaio
Expresivo	Expressivo
Gracia	Graça
Movimiento	Movimento
Música	Música
Postura	Postura
Ritmo	Ritmo
Saltar	Saltar
Socio	Parceiro
Tradicional	Tradicional
Visual	Visual

Ballet
Balé

Aplauso	Aplauso
Artístico	Artístico
Audiencia	Público
Bailarina	Bailarina
Bailarines	Dançarinos
Compositor	Compositor
Coreografía	Coreografia
Ensayo	Ensaio
Estilo	Estilo
Expresivo	Expressivo
Gesto	Gesto
Habilidad	Habilidade
Intensidad	Intensidade
Músculos	Músculos
Música	Música
Orquesta	Orquestra
Práctica	Prática
Ritmo	Ritmo
Solo	Solo
Técnica	Técnica

Barbacoas
Churrascos

Almuerzo	Almoço
Caliente	Quente
Cebollas	Cebolas
Cena	Jantar
Cuchillos	Facas
Ensaladas	Saladas
Familia	Família
Fruta	Fruta
Hambre	Fome
Juegos	Jogos
Música	Música
Niños	Crianças
Parrilla	Grelha
Pimienta	Pimenta
Pollo	Frango
Sal	Sal
Salsa	Molho
Tomates	Tomates
Verano	Verão
Verduras	Legumes

Barcos
Barcos

Ancla	Âncora
Balsa	Jangada
Boya	Bóia
Canoa	Canoa
Cuerda	Corda
Ferry	Balsa
Kayak	Caiaque
Lago	Lago
Mar	Mar
Marea	Maré
Marinero	Marinheiro
Marítimo	Marítimo
Mástil	Mastro
Motor	Motor
Náutico	Náutico
Océano	Oceano
Río	Rio
Tripulación	Tripulação
Velero	Veleiro
Yate	Iate

Belleza
Beleza

Aceites	Óleos
Champú	Xampu
Color	Cor
Cosméticos	Cosméticos
Elegancia	Elegância
Elegante	Elegante
Encanto	Charme
Espejo	Espelho
Estilista	Estilista
Fotogénico	Fotogênico
Fragancia	Fragrância
Gracia	Graça
Maquillaje	Maquiagem
Piel	Pele
Pintalabios	Batom
Productos	Produtos
Rizos	Cachos
Rímel	Rímel
Servicios	Serviços
Tijeras	Tesoura

Biología
Biologia

Anatomía	Anatomia
Bacterias	Bactérias
Celda	Célula
Colágeno	Colagénio
Cromosoma	Cromossoma
Embrión	Embrião
Enzima	Enzima
Evolución	Evolução
Fotosíntesis	Fotossíntese
Hormona	Hormona
Mamífero	Mamífero
Mutación	Mutação
Natural	Natural
Nervio	Nervo
Neurona	Neurônio
Ósmosis	Osmose
Proteína	Proteína
Reptil	Réptil
Simbiosis	Simbiose
Sinapsis	Sinapse

Café
Café

Agua	Água
Amargo	Amargo
Aroma	Aroma
Asado	Assado
Azúcar	Açúcar
Bebida	Bebida
Cafeína	Cafeína
Crema	Creme
Filtro	Filtro
Leche	Leite
Líquido	Líquido
Mañana	Manhã
Moler	Moer
Negro	Preto
Origen	Origem
Precio	Preço
Sabor	Sabor
Taza	Copa
Variedad	Variedade

Calentamiento Global
Aquecimento Global

Ahora	Agora
Ambiental	Ambiental
Atención	Atenção
Ártico	Ártico
Científico	Cientista
Clima	Clima
Consecuencias	Consequências
Crisis	Crise
Datos	Dados
Energía	Energia
Futuro	Futuro
Gas	Gás
Generaciones	Gerações
Gobierno	Governo
Industria	Indústria
Internacional	Internacional
Legislación	Legislação
Poblaciones	Populações
Significativo	Significativo
Temperaturas	Temperaturas

Camping
Acampamento

Animales	Animais
Aventura	Aventura
Árboles	Árvores
Bosque	Floresta
Brújula	Bússola
Cabina	Cabine
Canoa	Canoa
Caza	Caça
Cuerda	Corda
Equipo	Equipamento
Fuego	Fogo
Hamaca	Maca
Insecto	Inseto
Lago	Lago
Linterna	Lanterna
Luna	Lua
Mapa	Mapa
Montaña	Montanha
Naturaleza	Natureza
Sombrero	Chapéu

Casa
Casa

Alfombra	Tapete
Ático	Sótão
Biblioteca	Biblioteca
Chimenea	Lareira
Cocina	Cozinha
Cortinas	Cortinas
Ducha	Chuveiro
Escoba	Vassoura
Espejo	Espelho
Garaje	Garagem
Grifo	Torneira
Habitación	Quarto
Jardín	Jardim
Pared	Parede
Piso	Piso
Puerta	Porta
Sótano	Porão
Techo	Telhado
Valla	Cerca
Ventana	Janela

Chocolate
Chocolate

Amargo	Amargo
Antioxidante	Antioxidante
Aroma	Aroma
Artesanal	Artesanal
Azúcar	Açúcar
Cacahuetes	Amendoins
Cacao	Cacau
Calidad	Qualidade
Calorías	Calorias
Caramelo	Caramelo
Coco	Coco
Delicioso	Delicioso
Dulce	Doce
Exótico	Exótico
Favorito	Favorito
Gusto	Gosto
Ingrediente	Ingrediente
Polvo	Pó
Receta	Receita
Sabor	Sabor

Ciencia
Ciência

Átomo	Átomo
Científico	Cientista
Clima	Clima
Datos	Dados
Evolución	Evolução
Experimento	Experiência
Física	Física
Fósil	Fóssil
Gravedad	Gravidade
Hecho	Fato
Hipótesis	Hipótese
Laboratorio	Laboratório
Método	Método
Minerales	Minerais
Moléculas	Moléculas
Naturaleza	Natureza
Organismo	Organismo
Partículas	Partículas
Plantas	Plantas
Químico	Químico

Ciencia Ficción
Ficção Científica

Atómico	Atómico
Cine	Cinema
Distante	Distante
Explosión	Explosão
Extremo	Extremo
Fantástico	Fantástico
Fuego	Fogo
Futurista	Futurista
Galaxia	Galáxia
Ilusión	Ilusão
Imaginario	Imaginário
Libros	Livros
Misterioso	Misterioso
Mundo	Mundo
Oráculo	Oráculo
Planeta	Planeta
Realista	Realista
Robots	Robôs
Tecnología	Tecnologia
Utopía	Utopia

Ciudad
Cidade

Aeropuerto	Aeroporto
Banco	Banco
Biblioteca	Biblioteca
Cine	Cinema
Clínica	Clínica
Escuela	Escola
Estadio	Estádio
Farmacia	Farmácia
Florista	Florista
Galería	Galeria
Hotel	Hotel
Librería	Livraria
Mercado	Mercado
Museo	Museu
Panadería	Padaria
Restaurante	Restaurante
Supermercado	Supermercado
Teatro	Teatro
Tienda	Loja
Universidad	Universidade

Clima
Clima

Atmósfera	Atmosfera
Brisa	Brisa
Cielo	Céu
Clima	Clima
Hielo	Gelo
Huracán	Furacão
Inundación	Inundação
Monzón	Monção
Niebla	Nevoeiro
Nube	Nuvem
Polar	Polar
Rayo	Relâmpago
Seco	Seco
Sequía	Seca
Temperatura	Temperatura
Tormenta	Tempestade
Tornado	Tornado
Tropical	Tropical
Trueno	Trovão
Viento	Vento

Cocina
Cozinha

Caldera	Chaleira
Comer	Comer
Congelador	Freezer
Cucharas	Colheres
Cucharón	Concha
Cuchillos	Facas
Delantal	Avental
Especias	Especiarias
Esponja	Esponja
Horno	Forno
Jarra	Jarro
Palillos	Pauzinhos
Parrilla	Grelha
Receta	Receita
Refrigerador	Geladeira
Servilleta	Guardanapo
Tarro	Jar
Tazas	Cups
Tazón	Tigela
Tenedores	Garfos

Comida #1
Comida #1

Ajo	Alho
Albahaca	Manjericão
Atún	Atum
Azúcar	Açúcar
Canela	Canela
Carne	Carne
Cebada	Cevada
Cebolla	Cebola
Ensalada	Salada
Espinacas	Espinafre
Fresa	Morango
Jugo	Suco
Leche	Leite
Limón	Limão
Menta	Menta
Nabo	Nabo
Pera	Pera
Sal	Sal
Sopa	Sopa
Zanahoria	Cenoura

Comida #2
Comida # 2

Alcachofa	Alcachofra
Almendra	Amêndoa
Apio	Aipo
Arroz	Arroz
Berenjena	Beringela
Cereza	Cereja
Chocolate	Chocolate
Girasol	Girassol
Huevo	Ovo
Jengibre	Gengibre
Kiwi	Kiwi
Manzana	Maçã
Pan	Pão
Plátano	Banana
Pollo	Frango
Queso	Queijo
Tomate	Tomate
Trigo	Trigo
Uva	Uva
Yogur	Iogurte

Conduciendo
Dirigindo

Accidente	Acidente
Calle	Rua
Camión	Caminhão
Coche	Carro
Combustible	Combustível
Frenos	Freios
Garaje	Garagem
Gas	Gás
Licencia	Licença
Mapa	Mapa
Motocicleta	Motocicleta
Motor	Motor
Peatonal	Pedestre
Peligro	Perigo
Policía	Polícia
Seguridad	Segurança
Transporte	Transporte
Tráfico	Tráfego
Túnel	Túnel
Velocidad	Rapidez

Creatividad
Criatividade

Artístico	Artístico
Autenticidad	Autenticidade
Claridad	Clareza
Dramático	Dramático
Emociones	Emoções
Espontáneo	Espontânea
Expresión	Expressão
Fluidez	Fluidez
Habilidad	Habilidade
Imagen	Imagem
Imaginación	Imaginação
Impresión	Impressão
Inspiración	Inspiração
Intensidad	Intensidade
Intuición	Intuição
Inventivo	Inventivo
Sensación	Sensação
Sentimientos	Sentimentos
Visiones	Visões
Vitalidad	Vitalidade

Cuerpo Humano
Corpo Humano

Barbilla	Queixo
Boca	Boca
Cabeza	Cabeça
Cara	Rosto
Cerebro	Cérebro
Codo	Cotovelo
Corazón	Coração
Cuello	Pescoço
Dedo	Dedo
Hombro	Ombro
Lengua	Língua
Mano	Mão
Nariz	Nariz
Ojo	Olho
Oreja	Orelha
Piel	Pele
Pierna	Perna
Rodilla	Joelho
Sangre	Sangue
Tobillo	Tornozelo

Diplomacia
Diplomacia

Asesor	Consultor
Comunidad	Comunidade
Conflicto	Conflito
Cooperación	Cooperação
Diplomático	Diplomático
Discusión	Discussão
Embajada	Embaixada
Embajador	Embaixador
Extranjero	Estrangeiro
Ética	Ética
Gobierno	Governo
Humanitario	Humanitário
Idiomas	Línguas
Integridad	Integridade
Justicia	Justiça
Política	Política
Resolución	Resolução
Seguridad	Segurança
Solución	Solução
Tratado	Tratado

Disciplinas Científicas
Disciplinas Científicas

Anatomía	Anatomia
Arqueología	Arqueologia
Astronomía	Astronomia
Biología	Biologia
Bioquímica	Bioquímica
Botánica	Botânica
Ecología	Ecologia
Fisiología	Fisiologia
Geología	Geologia
Inmunología	Imunologia
Lingüística	Linguística
Mecánica	Mecânica
Meteorología	Meteorologia
Mineralogía	Mineralogia
Neurología	Neurologia
Psicología	Psicologia
Química	Química
Sociología	Sociologia
Termodinámica	Termodinâmica
Zoología	Zoologia

Días y Meses
Dias e Meses

Abril	Abril
Agosto	Agosto
Año	Ano
Calendario	Calendário
Domingo	Domingo
Enero	Janeiro
Febrero	Fevereiro
Jueves	Quinta-Feira
Julio	Julho
Junio	Junho
Lunes	Segunda-Feira
Martes	Terça
Mes	Mês
Miércoles	Quarta-Feira
Noviembre	Novembro
Octubre	Outubro
Sábado	Sábado
Semana	Semana
Septiembre	Setembro
Viernes	Sexta-Feira

Ecología
Ecologia

Clima	Clima
Comunidades	Comunidades
Diversidad	Diversidade
Especie	Espécies
Fauna	Fauna
Flora	Flora
Global	Global
Hábitat	Habitat
Marino	Marinho
Natural	Natural
Naturaleza	Natureza
Pantano	Pântano
Plantas	Plantas
Recursos	Recursos
Sequía	Seca
Sostenible	Sustentável
Supervivencia	Sobrevivência
Variedad	Variedade
Vegetación	Vegetação
Voluntarios	Voluntários

Edificios
Edifícios

Albergue	Albergue
Apartamento	Apartamento
Castillo	Castelo
Cine	Cinema
Embajada	Embaixada
Escuela	Escola
Estadio	Estádio
Fábrica	Fábrica
Garaje	Garagem
Granero	Celeiro
Granja	Fazenda
Hospital	Hospital
Hotel	Hotel
Laboratorio	Laboratório
Museo	Museu
Observatorio	Observatório
Supermercado	Supermercado
Teatro	Teatro
Torre	Torre
Universidad	Universidade

Energía
Energia

Batería	Bateria
Calor	Calor
Carbono	Carbono
Combustible	Combustível
Contaminación	Poluição
Diesel	Diesel
Electrón	Elétron
Eléctrico	Elétrico
Entropía	Entropia
Fotón	Fóton
Gasolina	Gasolina
Hidrógeno	Hidrogênio
Industria	Indústria
Motor	Motor
Nuclear	Nuclear
Renovable	Renovável
Sol	Sol
Turbina	Turbina
Vapor	Vapor
Viento	Vento

Enfermedad
Doença

Abdominal	Abdominal
Agudo	Agudo
Alergias	Alergias
Contagioso	Contagioso
Corazón	Coração
Crónica	Crônica
Cuerpo	Corpo
Débil	Fraco
Genético	Genético
Hereditario	Hereditário
Huesos	Ossos
Inflamación	Inflamação
Inmunidad	Imunidade
Lumbar	Lombar
Neuropatía	Neuropatia
Pulmonar	Pulmonar
Respiratorio	Respiratório
Salud	Saúde
Síndrome	Síndrome
Terapia	Terapia

Especias
Especiarias

Agrio	Azedo
Ajo	Alho
Amargo	Amargo
Anís	Anis
Azafrán	Açafrão
Canela	Canela
Cebolla	Cebola
Clavo	Cravo
Comino	Cominho
Curry	Caril
Dulce	Doce
Hinojo	Funcho
Jengibre	Gengibre
Nuez Moscada	Noz-Moscada
Pimentón	Páprica
Pimienta	Pimenta
Regaliz	Alcaçuz
Sabor	Sabor
Sal	Sal
Vainilla	Baunilha

Ética
Ética

Altruismo	Altruísmo
Benevolente	Benevolente
Bondad	Bondade
Compasión	Compaixão
Cooperación	Cooperação
Dignidad	Dignidade
Diplomático	Diplomático
Filosofía	Filosofia
Honestidad	Honestidade
Humanidad	Humanidade
Integridad	Integridade
Optimismo	Otimismo
Paciencia	Paciência
Racionalidad	Racionalidade
Razonable	Razoável
Realismo	Realismo
Respetuoso	Respeitoso
Sabiduría	Sabedoria
Tolerancia	Tolerância
Valores	Valores

Familia
Família

Abuela	Avó
Abuelo	Avô
Antepasado	Antepassado
Esposa	Esposa
Hermana	Irmã
Hermano	Irmão
Hija	Filha
Infancia	Infância
Madre	Mãe
Marido	Marido
Materno	Materno
Nieto	Neto
Niño	Criança
Niños	Crianças
Padre	Pai
Primo	Primo
Sobrina	Sobrinha
Sobrino	Sobrinho
Tía	Tia
Tío	Tio

Filantropía
Filantropia

Caridad	Caridade
Comunidad	Comunidade
Contactos	Contatos
Donar	Doar
Finanzas	Finança
Fondos	Fundos
Generosidad	Generosidade
Gente	Pessoas
Global	Global
Grupos	Grupos
Historia	História
Honestidad	Honestidade
Humanidad	Humanidade
Juventud	Juventude
Metas	Objetivos
Misión	Missão
Necesitar	Necessidade
Niños	Crianças
Programas	Programas
Público	Público

Física
Física

Aceleración	Aceleração
Átomo	Átomo
Caos	Caos
Densidad	Densidade
Electrón	Elétron
Fórmula	Fórmula
Frecuencia	Frequência
Gas	Gás
Gravedad	Gravidade
Magnetismo	Magnetismo
Masa	Massa
Mecánica	Mecânica
Molécula	Molécula
Motor	Motor
Nuclear	Nuclear
Partícula	Partícula
Químico	Químico
Relatividad	Relatividade
Universal	Universal
Velocidad	Velocidade

Flores
Flores

Amapola	Papoula
Caléndula	Calêndula
Diente de León	Dente-De-Leão
Gardenia	Gardênia
Girasol	Girassol
Hibisco	Hibisco
Jazmín	Jasmim
Lavanda	Lavanda
Lila	Lilás
Lirio	Lírio
Magnolia	Magnólia
Margarita	Margarida
Narciso	Narciso
Orquídea	Orquídea
Peonía	Peônia
Pétalo	Pétala
Ramo	Buquê
Rosa	Rosa
Trébol	Trevo
Tulipán	Tulipa

Fruta
Frutas

Aguacate	Abacate
Albaricoque	Damasco
Baya	Baga
Cereza	Cereja
Coco	Coco
Frambuesa	Framboesa
Guayaba	Goiaba
Kiwi	Kiwi
Limón	Limão
Mango	Manga
Manzana	Maçã
Melocotón	Pêssego
Melón	Melão
Naranja	Laranja
Nectarina	Nectarina
Papaya	Mamão
Pera	Pera
Piña	Abacaxi
Plátano	Banana
Uva	Uva

Fuerza y Gravedad
Força e Gravidade

Centro	Centro
Descubrimiento	Descoberta
Dinámico	Dinâmico
Distancia	Distância
Eje	Eixo
Expansión	Expansão
Física	Física
Fricción	Atrito
Impacto	Impacto
Magnetismo	Magnetismo
Magnitud	Magnitude
Mecánica	Mecânica
Órbita	Órbita
Peso	Peso
Planetas	Planetas
Presión	Pressão
Propiedades	Propriedades
Tiempo	Tempo
Universal	Universal
Velocidad	Rapidez

Geografía
Geografia

Altitud	Altitude
Atlas	Atlas
Ciudad	Cidade
Continente	Continente
Hemisferio	Hemisfério
Isla	Ilha
Latitud	Latitude
Longitud	Longitude
Mapa	Mapa
Mar	Mar
Meridiano	Meridiano
Montaña	Montanha
Mundo	Mundo
Norte	Norte
Oeste	Oeste
País	País
Región	Região
Río	Rio
Sur	Sul
Territorio	Território

Geología
Geologia

Ácido	Ácido
Calcio	Cálcio
Capa	Camada
Caverna	Caverna
Continente	Continente
Coral	Coral
Cristales	Cristais
Cuarzo	Quartzo
Erosión	Erosão
Estalactita	Estalactite
Estalagmitas	Estalagmites
Fósil	Fóssil
Géiser	Geyser
Lava	Lava
Meseta	Platô
Minerales	Minerais
Piedra	Pedra
Sal	Sal
Terremoto	Terremoto
Volcán	Vulcão

Geometría
Geometria

Altura	Altura
Ángulo	Ângulo
Cálculo	Cálculo
Curva	Curva
Diámetro	Diâmetro
Dimensión	Dimensão
Ecuación	Equação
Horizontal	Horizontal
Lógica	Lógica
Masa	Massa
Mediana	Mediana
Número	Número
Paralelo	Paralelo
Proporción	Proporção
Segmento	Segmento
Simetría	Simetria
Superficie	Superfície
Teoría	Teoria
Triángulo	Triângulo
Vertical	Vertical

Gobierno
Governo

Ciudadanía	Cidadania
Civil	Civil
Constitución	Constituição
Democracia	Democracia
Discurso	Discurso
Discusión	Discussão
Distrito	Distrito
Estado	Estado
Igualdad	Igualdade
Independencia	Independência
Judicial	Judicial
Justicia	Justiça
Ley	Lei
Libertad	Liberdade
Líder	Líder
Monumento	Monumento
Nacional	Nacional
Nación	Nação
Política	Política
Símbolo	Símbolo

Granja #1
Fazenda #1

Abeja	Abelha
Agricultura	Agricultura
Agua	Água
Arroz	Arroz
Burro	Burro
Caballo	Cavalo
Cabra	Cabra
Campo	Campo
Cuervo	Corvo
Fertilizante	Fertilizante
Gato	Gato
Heno	Feno
Miel	Mel
Perro	Cão
Pollo	Frango
Semillas	Sementes
Ternero	Bezerro
Tierra	Terra
Vaca	Vaca
Valla	Cerca

Granja #2
Fazenda #2

Agricultor	Agricultor
Animales	Animais
Cebada	Cevada
Colmena	Colmeia
Cordero	Cordeiro
Fruta	Fruta
Granero	Celeiro
Huerto	Pomar
Leche	Leite
Llama	Lhama
Maduro	Maduro
Maíz	Milho
Oveja	Ovelha
Pastor	Pastor
Pato	Pato
Prado	Prado
Riego	Irrigação
Tractor	Trator
Trigo	Trigo
Vegetal	Vegetal

Herboristería
Herbalismo

Ajo	Alho
Albahaca	Manjericão
Aromático	Aromático
Azafrán	Açafrão
Calidad	Qualidade
Culinario	Culinário
Eneldo	Endro
Estragón	Estragão
Flor	Flor
Hinojo	Funcho
Ingrediente	Ingrediente
Jardín	Jardim
Lavanda	Lavanda
Mejorana	Manjerona
Menta	Menta
Perejil	Salsa
Planta	Planta
Romero	Alecrim
Sabor	Sabor
Verde	Verde

Ingeniería
Engenharia

Ángulo	Ângulo
Cálculo	Cálculo
Construcción	Construção
Diagrama	Diagrama
Diámetro	Diâmetro
Diesel	Diesel
Distribución	Distribuição
Eje	Eixo
Energía	Energia
Estabilidad	Estabilidade
Estructura	Estrutura
Fricción	Atrito
Fuerza	Força
Líquido	Líquido
Máquina	Máquina
Medición	Medição
Motor	Motor
Palancas	Alavancas
Profundidad	Profundidade
Propulsión	Propulsão

Inmigración
Imigração

Administración	Administração
Adultos	Adultos
Aprobación	Aprovação
Ayuda	Ajuda
Comunicación	Comunicação
Documentos	Documentos
Estrés	Estresse
Fecha Límite	Prazo
Financiación	Financiamento
Fronteras	Fronteiras
Idioma	Língua
Ley	Lei
Negociación	Negociação
Niños	Crianças
Oficial	Oficial
Proceso	Processo
Protección	Proteção
Situación	Situação
Solución	Solução
Vivienda	Habitação

Instrumentos Musicales
Instrumentos Musicais

Armónica	Gaita
Arpa	Harpa
Banjo	Banjo
Clarinete	Clarinete
Fagot	Fagote
Flauta	Flauta
Gong	Gongo
Guitarra	Violão
Mandolina	Bandolim
Marimba	Marimba
Oboe	Oboé
Pandereta	Pandeiro
Percusión	Percussão
Piano	Piano
Saxofón	Saxofone
Tambor	Tambor
Trombón	Trombone
Trompeta	Trompete
Violín	Violino
Violonchelo	Violoncelo

Jardinería
Jardinagem

Agua	Água
Botánico	Botânico
Clima	Clima
Comestible	Comestível
Compost	Composto
Contenedor	Recipiente
Especie	Espécies
Estacional	Sazonal
Exótico	Exótico
Flor	Flor
Floral	Floral
Follaje	Folhagem
Hoja	Folha
Huerto	Pomar
Humedad	Umidade
Manguera	Mangueira
Ramo	Buquê
Semillas	Sementes
Suciedad	Sujeira
Suelo	Solo

Jardín
Jardim

Arbusto	Arbusto
Árbol	Árvore
Banco	Banco
Césped	Gramado
Estanque	Lagoa
Flor	Flor
Garaje	Garagem
Hamaca	Maca
Hierba	Grama
Huerto	Pomar
Jardín	Jardim
Manguera	Mangueira
Pala	Pá
Porche	Varanda
Rastrillo	Ancinho
Suelo	Solo
Terraza	Terraço
Trampolín	Trampolim
Valla	Cerca
Vid	Videira

Jazz
Jazz

Artista	Artista
Álbum	Álbum
Canción	Canção
Composición	Composição
Compositor	Compositor
Concierto	Concerto
Estilo	Estilo
Énfasis	Ênfase
Famoso	Famoso
Favoritos	Favoritos
Género	Gênero
Improvisación	Improvisação
Música	Música
Nuevo	Novo
Orquesta	Orquestra
Ritmo	Ritmo
Talento	Talento
Tambores	Bateria
Técnica	Técnica
Viejo	Velho

La Empresa
A Empresa

Calidad	Qualidade
Creativo	Criativo
Decisión	Decisão
Empleo	Emprego
Global	Global
Industria	Indústria
Ingresos	Receita
Innovador	Inovador
Inversión	Investimento
Negocio	Negócio
Posibilidad	Possibilidade
Presentación	Apresentação
Producto	Produto
Profesional	Profissional
Progreso	Progresso
Recursos	Recursos
Reputación	Reputação
Riesgos	Riscos
Tendencias	Tendências
Unidades	Unidades

Libros
Livros

Autor	Autor
Aventura	Aventura
Colección	Coleção
Contexto	Contexto
Dualidad	Dualidade
Escrito	Escrito
Historia	História
Histórico	Histórico
Humorístico	Humorado
Inventivo	Inventivo
Lector	Leitor
Literario	Literário
Narrador	Narrador
Novela	Romance
Página	Página
Pertinente	Relevante
Poema	Poema
Poesía	Poesia
Serie	Série
Trágico	Trágico

Literatura
Literatura

Analogía	Analogia
Análisis	Análise
Anécdota	Anedota
Autor	Autor
Biografía	Biografia
Comparación	Comparação
Conclusión	Conclusão
Descripción	Descrição
Diálogo	Diálogo
Estilo	Estilo
Ficción	Ficção
Metáfora	Metáfora
Narrador	Narrador
Novela	Romance
Poema	Poema
Poético	Poético
Rima	Rima
Ritmo	Ritmo
Tema	Tema
Tragedia	Tragédia

Los Medios de Comunicación
A Mídia

Actitudes	Atitudes
Comercial	Comercial
Comunicación	Comunicação
Digital	Digital
Edición	Edição
Educación	Educação
En Línea	Online
Financiación	Financiamento
Fotos	Fotos
Hechos	Fatos
Individual	Individual
Industria	Indústria
Intelectual	Intelectual
Local	Local
Opinión	Opinião
Periódicos	Jornais
Público	Público
Radio	Rádio
Red	Rede
Televisión	Televisão

Mamíferos
Mamíferos

Ballena	Baleia
Burro	Burro
Caballo	Cavalo
Camello	Camelo
Canguro	Canguru
Cebra	Zebra
Conejo	Coelho
Coyote	Coiote
Delfín	Golfinho
Elefante	Elefante
Gato	Gato
Gorila	Gorila
Jirafa	Girafa
Lobo	Lobo
Mono	Macaco
Oso	Urso
Oveja	Ovelha
Perro	Cão
Toro	Touro
Zorro	Raposa

Matemáticas
Matemática

Aritmética	Aritmética
Ángulos	Ângulos
Cuadrado	Quadrado
Decimal	Decimal
Diámetro	Diâmetro
Ecuación	Equação
Esfera	Esfera
Exponente	Expoente
Fracción	Fração
Geometría	Geometria
Paralelo	Paralelo
Paralelogramo	Paralelogramo
Perímetro	Perímetro
Perpendicular	Perpendicular
Polígono	Polígono
Radio	Raio
Rectángulo	Retângulo
Simetría	Simetria
Triángulo	Triângulo
Volumen	Volume

Mediciones
Medições

Altura	Altura
Ancho	Largura
Byte	Byte
Centímetro	Centímetro
Decimal	Decimal
Grado	Grau
Gramo	Grama
Kilogramo	Quilograma
Kilómetro	Quilômetro
Litro	Litro
Longitud	Comprimento
Masa	Massa
Metro	Metro
Minuto	Minuto
Onza	Onça
Peso	Peso
Profundidad	Profundidade
Pulgada	Polegada
Tonelada	Tonelada
Volumen	Volume

Meditación
Meditação

Aceptación	Aceitação
Atención	Atenção
Bondad	Bondade
Calma	Calmo
Claridad	Clareza
Compasión	Compaixão
Emociones	Emoções
Gratitud	Gratidão
Mental	Mental
Mente	Mente
Movimiento	Movimento
Música	Música
Naturaleza	Natureza
Observación	Observação
Paz	Paz
Pensamientos	Pensamentos
Perspectiva	Perspectiva
Postura	Postura
Respiración	Respirando
Silencio	Silêncio

Mitología
Mitologia

Arquetipo	Arquétipo
Celos	Ciúmes
Cielo	Céu
Comportamiento	Comportamento
Creación	Criação
Creencias	Crenças
Criatura	Criatura
Cultura	Cultura
Desastre	Desastre
Fuerza	Força
Guerrero	Guerreiro
Héroe	Herói
Inmortalidad	Imortalidade
Laberinto	Labirinto
Leyenda	Lenda
Monstruo	Monstro
Mortal	Mortal
Rayo	Relâmpago
Trueno	Trovão
Venganza	Vingança

Música
Música

Armonía	Harmonia
Armónico	Harmônico
Álbum	Álbum
Balada	Balada
Cantante	Cantor
Cantar	Cantar
Clásico	Clássico
Coro	Coro
Grabación	Gravação
Improvisar	Improvisar
Instrumento	Instrumento
Melodía	Melodia
Micrófono	Microfone
Musical	Musical
Músico	Músico
Ópera	Ópera
Poético	Poético
Ritmo	Ritmo
Tempo	Tempo
Vocal	Vocal

Naturaleza
Natureza

Abejas	Abelhas
Animales	Animais
Ártico	Ártico
Belleza	Beleza
Bosque	Floresta
Desierto	Deserto
Dinámico	Dinâmico
Erosión	Erosão
Follaje	Folhagem
Glaciar	Geleira
Niebla	Nevoeiro
Nubes	Nuvens
Pacífico	Pacífico
Refugio	Abrigo
Río	Rio
Salvaje	Selvagem
Santuario	Santuário
Sereno	Sereno
Tropical	Tropical
Vital	Vital

Negocio
Negócios

Carrera	Carreira
Costo	Custo
Descuento	Desconto
Dinero	Dinheiro
Economía	Economia
Empleado	Empregado
Empleador	Empregador
Empresa	Empresa
Fábrica	Fábrica
Finanzas	Finança
Impuestos	Impostos
Inversión	Investimento
Mercancía	Mercadoria
Moneda	Moeda
Oficina	Escritório
Presupuesto	Orçamento
Tienda	Loja
Trabajo	Trabalho
Transacción	Transação
Venta	Venda

Nutrición
Nutrição

Amargo	Amargo
Apetito	Apetite
Calidad	Qualidade
Calorías	Calorias
Carbohidratos	Carboidratos
Cereales	Cereal
Comestible	Comestível
Dieta	Dieta
Digestión	Digestão
Equilibrado	Equilibrado
Fermentación	Fermentação
Nutriente	Nutriente
Peso	Peso
Proteínas	Proteínas
Sabor	Sabor
Salsa	Molho
Salud	Saúde
Saludable	Saudável
Toxina	Toxina
Vitamina	Vitamina

Números
Números

Catorce	Quatorze
Cero	Zero
Cinco	Cinco
Cuatro	Quatro
Decimal	Decimal
Diecinueve	Dezenove
Dieciocho	Dezoito
Dieciséis	Dezesseis
Diecisiete	Dezessete
Diez	Dez
Doce	Doze
Dos	Dois
Nueve	Nove
Ocho	Oito
Quince	Quinze
Seis	Seis
Siete	Sete
Trece	Treze
Tres	Três
Veinte	Vinte

Océano
Oceano

Alga	Alga
Anguila	Enguia
Arrecife	Recife
Atún	Atum
Ballena	Baleia
Barco	Barco
Camarón	Camarão
Cangrejo	Caranguejo
Coral	Coral
Delfín	Golfinho
Esponja	Esponja
Mareas	Marés
Medusa	Medusa
Ostra	Ostra
Pescado	Peixe
Pulpo	Polvo
Sal	Sal
Tiburón	Tubarão
Tormenta	Tempestade
Tortuga	Tartaruga

Paisajes
Paisagens

Cascada	Cascata
Cueva	Caverna
Desierto	Deserto
Estuario	Estuário
Géiser	Geyser
Glaciar	Geleira
Iceberg	Iceberg
Isla	Ilha
Lago	Lago
Laguna	Lagoa
Mar	Mar
Montaña	Montanha
Oasis	Oásis
Pantano	Pântano
Península	Península
Playa	Praia
Río	Rio
Tundra	Tundra
Valle	Vale
Volcán	Vulcão

Países #1
Países #1

Alemania	Alemanha
Argentina	Argentina
Bélgica	Bélgica
Brasil	Brasil
Canadá	Canadá
Ecuador	Equador
Egipto	Egito
España	Espanha
Filipinas	Filipinas
Honduras	Honduras
India	Índia
Italia	Itália
Libia	Líbia
Malí	Mali
Marruecos	Marrocos
Nicaragua	Nicarágua
Noruega	Noruega
Panamá	Panamá
Polonia	Polônia
Venezuela	Venezuela

Países #2
Países #2

Albania	Albânia
Australia	Austrália
Austria	Áustria
Dinamarca	Dinamarca
Etiopía	Etiópia
Francia	França
Grecia	Grécia
Indonesia	Indonésia
Irlanda	Irlanda
Jamaica	Jamaica
Japón	Japão
Laos	Laos
México	México
Pakistán	Paquistão
Portugal	Portugal
Rusia	Rússia
Siria	Síria
Sudán	Sudão
Ucrania	Ucrânia
Uganda	Uganda

Pájaros
Pássaros

Avestruz	Avestruz
Águila	Águia
Cigüeña	Cegonha
Cisne	Cisne
Cuco	Cuco
Cuervo	Corvo
Flamenco	Flamingo
Ganso	Ganso
Garza	Garça
Gaviota	Gaivota
Gorrión	Pardal
Halcón	Falcão
Huevo	Ovo
Loro	Papagaio
Paloma	Pombo
Pato	Pato
Pelícano	Pelicano
Pingüino	Pinguim
Pollo	Frango
Tucán	Tucano

Plantas
Plantas

Arbusto	Arbusto
Árbol	Árvore
Bambú	Bambu
Baya	Baga
Bosque	Floresta
Botánica	Botânica
Cactus	Cacto
Fertilizante	Fertilizante
Flor	Flor
Flora	Flora
Follaje	Folhagem
Frijol	Feijão
Hiedra	Hera
Hierba	Erva
Hoja	Folha
Jardín	Jardim
Musgo	Musgo
Pétalo	Pétala
Raíz	Raiz
Vegetación	Vegetação

Profesiones #1
Profissões #1

Abogado	Advogado
Astrónomo	Astrônomo
Atleta	Atleta
Bailarín	Dançarino
Banquero	Banqueiro
Bombero	Bombeiro
Cartógrafo	Cartógrafo
Cazador	Caçador
Doctor	Doutor
Editor	Editor
Embajador	Embaixador
Enfermera	Enfermeira
Entrenador	Treinador
Fontanero	Encanador
Geólogo	Geólogo
Joyero	Joalheiro
Músico	Músico
Pianista	Pianista
Psicólogo	Psicólogo
Veterinario	Veterinário

Profesiones #2
Profissões #2

Astronauta	Astronauta
Bibliotecario	Bibliotecário
Biólogo	Biólogo
Cirujano	Cirurgião
Dentista	Dentista
Detective	Detetive
Filósofo	Filósofo
Fotógrafo	Fotógrafo
Ilustrador	Ilustrador
Ingeniero	Engenheiro
Inventor	Inventor
Investigador	Investigador
Jardinero	Jardineiro
Lingüista	Linguista
Médico	Médico
Periodista	Jornalista
Piloto	Piloto
Pintor	Pintor
Profesor	Professor
Zoólogo	Zoólogo

Psicología
Psicologia

Cita	Compromisso
Clínico	Clínico
Cognición	Cognição
Comportamiento	Comportamento
Conflicto	Conflito
Ego	Ego
Emociones	Emoções
Evaluación	Avaliação
Experiencias	Experiências
Inconsciente	Inconsciente
Infancia	Infância
Pensamientos	Pensamentos
Percepción	Percepção
Personalidad	Personalidade
Problema	Problema
Realidad	Realidade
Sensación	Sensação
Subconsciente	Subconsciente
Sueños	Sonhos
Terapia	Terapia

Química
Química

Alcalino	Alcalino
Ácido	Ácido
Calor	Calor
Carbono	Carbono
Catalizador	Catalisador
Cloro	Cloro
Electrón	Elétron
Enzima	Enzima
Gas	Gás
Hidrógeno	Hidrogênio
Ion	Íon
Líquido	Líquido
Metales	Metais
Molécula	Molécula
Nuclear	Nuclear
Oxígeno	Oxigénio
Peso	Peso
Reacción	Reação
Sal	Sal
Temperatura	Temperatura

Restaurante #2
Restaurante # 2

Agua	Água
Almuerzo	Almoço
Aperitivo	Aperitivo
Bebida	Bebida
Camarero	Garçom
Cena	Jantar
Cuchara	Colher
Delicioso	Delicioso
Ensalada	Salada
Especias	Especiarias
Fruta	Fruta
Hielo	Gelo
Huevos	Ovo
Pastel	Bolo
Pescado	Peixe
Sal	Sal
Silla	Cadeira
Sopa	Sopa
Tenedor	Garfo
Verduras	Legumes

Ropa
Roupas

Abrigo	Casaco
Blusa	Blusa
Bufanda	Lenço
Calcetines	Meias
Camisa	Camisa
Chaqueta	Jaqueta
Cinturón	Cinto
Collar	Colar
Delantal	Avental
Falda	Saia
Guantes	Luvas
Moda	Moda
Pantalones	Calça
Pijama	Pijama
Pulsera	Pulseira
Sandalias	Sandálias
Sombrero	Chapéu
Suéter	Suéter
Vestido	Vestido
Zapato	Sapato

Salud y Bienestar #1
Saúde e Bem-Estar #1

Activo	Ativo
Altura	Altura
Bacterias	Bactérias
Clínica	Clínica
Doctor	Doutor
Farmacia	Farmácia
Fractura	Fratura
Hambre	Fome
Hábito	Hábito
Hormonas	Hormones
Huesos	Ossos
Medicina	Medicina
Músculos	Músculos
Piel	Pele
Postura	Postura
Reflejo	Reflexo
Relajación	Relaxamento
Terapia	Terapia
Tratamiento	Tratamento
Virus	Vírus

Salud y Bienestar #2
Saúde e Bem-Estar #2

Alergia	Alergia
Anatomía	Anatomia
Apetito	Apetite
Caloría	Caloria
Dieta	Dieta
Digestión	Digestão
Energía	Energia
Enfermedad	Doença
Estrés	Estresse
Genética	Genética
Higiene	Higiene
Hospital	Hospital
Infección	Infecção
Masaje	Massagem
Nutrición	Nutrição
Peso	Peso
Recuperación	Recuperação
Saludable	Saudável
Sangre	Sangue
Vitamina	Vitamina

Selva Tropical
Floresta Tropical

Anfibios	Anfíbios
Botánico	Botânico
Clima	Clima
Comunidad	Comunidade
Diversidad	Diversidade
Especie	Espécies
Indígena	Indígena
Insectos	Insetos
Mamíferos	Mamíferos
Musgo	Musgo
Naturaleza	Natureza
Nubes	Nuvens
Pájaros	Pássaros
Preservación	Preservação
Refugio	Refúgio
Respeto	Respeito
Restauración	Restauração
Selva	Selva
Supervivencia	Sobrevivência
Valioso	Valioso

Senderismo
Caminhada

Acantilado	Penhasco
Agua	Água
Animales	Animais
Botas	Botas
Camping	Acampamento
Cansado	Cansado
Clima	Clima
Cumbre	Cume
Guías	Guias
Mapa	Mapa
Montaña	Montanha
Mosquitos	Mosquitos
Naturaleza	Natureza
Orientación	Orientação
Parques	Parques
Pesado	Pesado
Piedras	Pedras
Preparación	Preparação
Salvaje	Selvagem
Sol	Sol

Suministros de Arte
Material de Arte

Aceite	Óleo
Acrílico	Acrílico
Acuarelas	Aquarelas
Agua	Água
Arcilla	Argila
Borrador	Apagador
Caballete	Cavalete
Carbón	Carvão
Cámara	Câmera
Cepillos	Escovas
Colores	Cores
Creatividad	Criatividade
Lápices	Lápis
Mesa	Mesa
Papel	Papel
Pasteles	Pastels
Pegamento	Cola
Pinturas	Tintas
Silla	Cadeira
Tinta	Tinta

Tiempo
Tempo

Ahora	Agora
Antes	Antes
Anual	Anual
Año	Ano
Ayer	Ontem
Calendario	Calendário
Década	Década
Día	Dia
Futuro	Futuro
Hora	Hora
Hoy	Hoje
Mañana	Manhã
Mediodía	Meio-Dia
Mes	Mês
Minuto	Minuto
Momento	Momento
Noche	Noite
Reloj	Relógio
Semana	Semana
Siglo	Século

Tipos de Cabello
Tipos de Cabelo

Blanco	Branco
Brillante	Brilhante
Calvo	Careca
Corto	Curto
Delgada	Fino
Gris	Cinza
Grueso	Grosso
Largo	Longo
Marrón	Marrom
Negro	Preto
Ondulado	Ondulado
Plata	Prata
Rizado	Encaracolado
Rizos	Cachos
Rubio	Loiro
Saludable	Saudável
Seco	Seco
Suave	Suave
Trenzado	Trançado
Trenzas	Tranças

Universo
Universo

Asteroide	Asteróide
Astronomía	Astronomia
Astrónomo	Astrônomo
Atmósfera	Atmosfera
Celestial	Celestial
Cielo	Céu
Cósmico	Cósmico
Ecuador	Equador
Galaxia	Galáxia
Hemisferio	Hemisfério
Horizonte	Horizonte
Latitud	Latitude
Longitud	Longitude
Luna	Lua
Oscuridad	Trevas
Órbita	Órbita
Solar	Solar
Solsticio	Solstício
Telescopio	Telescópio
Visible	Visível

Vacaciones #2
Férias #2

Aeropuerto	Aeroporto
Carpa	Tenda
Destino	Destino
Extranjero	Estrangeiro
Fotos	Fotos
Hotel	Hotel
Isla	Ilha
Mapa	Mapa
Mar	Mar
Montañas	Montanhas
Ocio	Lazer
Pasaporte	Passaporte
Playa	Praia
Reservas	Reservas
Restaurante	Restaurante
Taxi	Táxi
Transporte	Transporte
Vacaciones	Feriado
Viaje	Viagem
Visa	Visto

Vehículos
Veículos

Ambulancia	Ambulância
Autobús	Ônibus
Avión	Avião
Balsa	Jangada
Barco	Barco
Bicicleta	Bicicleta
Camión	Caminhão
Caravana	Caravana
Coche	Carro
Cohete	Foguete
Ferry	Balsa
Furgoneta	Furgão
Helicóptero	Helicóptero
Lanzadera	Transporte
Metro	Metrô
Motor	Motor
Neumáticos	Pneus
Submarino	Submarino
Taxi	Táxi
Tractor	Trator

Verduras
Vegetais

Ajo	Alho
Alcachofa	Alcachofra
Apio	Aipo
Berenjena	Beringela
Brócoli	Brócolis
Calabaza	Abóbora
Cebolla	Cebola
Ensalada	Salada
Espinacas	Espinafre
Guisante	Ervilha
Jengibre	Gengibre
Nabo	Nabo
Oliva	Oliva
Patata	Batata
Pepino	Pepino
Perejil	Salsa
Rábano	Rabanete
Seta	Cogumelo
Tomate	Tomate
Zanahoria	Cenoura

Enhorabuena

Lo has conseguido!

Esperamos que hayas disfrutado de este libro tanto como nosotros al diseñarlo. Nos esforzamos por crear libros de la máxima calidad posible.
Esta edición está diseñada para proporcionar un aprendizaje inteligente, de calidad y divertido!

¿Te ha gustado este libro?

Una Petición Sencilla

Estos libros existen gracias a las reseñas que se publican.
¿Podrías ayudarnos dejando una reseña ahora?
Aquí tienes un breve enlace a la página de reseñas

BestBooksActivity.com/Opiniones50

¡DESAFÍO FINAL!

Reto n°1

¿Estás listo para tu juego gratis? Los utilizamos siempre, pero no son tan fáciles de encontrar. ¡Aquí están los **Sinónimos**!
Escribe 5 palabras que hayas encontrado en los rompecabezas (#21, #36, #76) y trata de encontrar 2 sinónimos para cada palabra.

Escriba 5 palabras del ***Puzzle 21***

Palabras	Sinónimo 1	Sinónimo 2

Escriba 5 palabras del ***Puzzle 36***

Palabras	Sinónimo 1	Sinónimo 2

Escriba 5 palabras del ***Puzzle 76***

Palabras	Sinónimo 1	Sinónimo 2

Reto n°2

Ahora que te has calentado, escribe 5 palabras que hayas encontrado en los Puzzles 9, 17 y 25 e intenta encontrar 2 antónimos para cada palabra. ¿Cuántos puedes encontrar en 20 minutos?

Escriba 5 palabras del ***Puzzle 9***

Palabras	Antónimo 1	Antónimo 2

Escriba 5 palabras del ***Puzzle 17***

Palabras	Antónimo 1	Antónimo 2

Escriba 5 palabras del ***Puzzle 25***

Palabras	Antónimo 1	Antónimo 2

Reto n°3

¡Genial! Este desafío final  no es nada para ti.

¿Preparado para el reto final? Elige 10 palabras que hayas descubierto en los diferentes rompecabezas y escríbelas a continuación.

1.	6.
2.	7.
3.	8.
4.	9.
5.	10.

Ahora escribe un texto pensando en una persona, un animal o un lugar que te guste.

Puedes usar la última página de este libro como borrador.

Tu Composición:

CUADERNO DE NOTAS :

HASTA PRONTO !

Todo el Equipo

www.ingramcontent.com/pod-product-compliance
Lightning Source LLC
Chambersburg PA
CBHW082037120626
46553CB00011B/3194
* 9 7 9 8 8 9 6 7 0 2 0 5 4 *